LA MEJOR COCINA

Patatas

p

NOTA

Se considera que 1 cucharadita equivale a 5 ml y
1 cucharada a 15 ml. Si no se indica lo contrario, la leche será siempre entera,
los huevos y las verduras u hortalizas, como por ejemplo las patatas, de tamaño
medio, y la pimienta, pimienta negra recién molida.

Las recetas que llevan huevo crudo o muy poco cocido no son indicadas para
los niños muy pequeños, los ancianos, las mujeres embarazadas, las personas
convalecientes y cualquiera que sufra alguna enfermedad.

Sumario

Introducción

La patata es un tubérculo que se cultiva en casi todos los países del mundo. Existen muchas variedades, propias de cada país, cada una de ellas con cualidades o propiedades diferentes. Como resultado, la patata es adecuada para la mayoría de los estilos culinarios, y quizás el  alimento básico más versátil: ha sido reconocida como uno de los cultivos más importantes para el consumo humano. Rusia, Polonia y Alemania son los principales productores, seguidos de cerca por Holanda, Chipre e Irlanda.

Al año se consume un promedio de 109 kg de patatas *per cápita*, lo que no es una mala noticia si se tienen en cuenta las cualidades nutritivas de este apreciado tubérculo. La ración media de 225 g de patatas aporta 180 calorías, y contiene proteínas, almidón y fibra, además de ser una buena fuente de vitamina C. La mayor parte de las vitaminas se encuentran justo bajo la piel, motivo por el cual se suele sugerir que la patata se cueza con ella y sólo se pele después. Si se cocina sin grasa, la patata puede desempeñar un papel primordial en una dieta de adelgazamiento, un hecho que en el pasado se ponía en duda.

Cómo comprar y guardar las patatas

Elija patatas consistentes, de forma regular y piel suave y firme. Consuma las patatas nuevas lo más frescas que sea posible, y guárdelas todas, cualquiera que sea su variedad, en un lugar fresco, oscuro y seco, ya que expuestas a la luz se vuelven de color verdoso y adquieren un desagradable sabor, así como un elevado nivel de sustancias tóxicas naturales: los glicoalcaloides.

Preparar y cocer las patatas

Para conservar el valor nutritivo de las patatas, lo mejor es cocerlas con su piel, o rasparlas en lugar de pelarlas. Por lo tanto, en el caso de que se deban utilizar peladas, deberían cocerse con la piel y pelarse después.

Hervir

Son adecuadas las variedades mantecosas, en especial la Red Pontiac y la Turia. Tanto si las patatas son nuevas como si son viejas, póngalas en una cazuela, cúbralas con agua hirviendo, tape el recipiente y deje que cuezan a fuego lento hasta que estén tiernas.

Cocer al vapor

Ponga las patatas en la parte superior —provista de agujeros— de una olla para la cocción al vapor cuya parte inferior contenga agua hirviendo. Déjela a fuego lento, hasta que las patatas estén tiernas.

Hacer puré

Las variedades más indicadas son las harinosas, como la Desirée. Hierva las patatas y escúrralas bien. Añada un trocito de mantequilla, sazone y páselas por un pasapurés. Remueva el puré obtenido con un tenedor o una cuchara de madera mientras va añadiendo la leche caliente necesaria para que adquiera una consistencia cremosa. Puede introducir alguna variación, como añadir un poco de nata líquida o pesto.

Asar

Este procedimiento es adecuado tanto para las variedades harinosas como para las mantecosas. Sancoche las patatas —es decir, cuézalas a medias— y, una vez escurridas, vuelva a a poner el recipiente al fuego durante 3-4 minutos, sacudiéndolo con frecuencia, para que se sequen las patatas. A continuación póngalas en una bandeja metálica con un poco de aceite caliente y áselas en la parte superior del horno a 220 ºC durante 45 minutos o 1 hora, hasta que estén doradas y crujientes.

Freír

Para que las patatas fritas queden perfectas, la temperatura del aceite es muy importante; resulta muy útil una freidora. Previamente sancochadas, puede freír o saltear las patatas con poco aceite en una sartén de fondo grueso.

Asar en el horno

Casi todas las variedades de patata se pueden asar en el horno, pero conviene evitar las de piel muy fina. Limpie las patatas frotando la piel, pínchelas y áselas en el horno a 220º C durante 1-1½ horas.

Variedades de patata

Se conocen aproximadamente tres mil clases de patata, pero sólo cien son de cultivo generalizado. A continuación se ofrece una breve descripción de los tipos más populares de patata que se pueden encontrar en el mercado y sus usos, que servirá de guía para elaborar las recetas de este libro.

Baraka

Patata de forma ovalada y gruesa, tiene la piel recia, amarilla. La carne también es amarilla. Se trata de una patata tardía que se conserva bien. Resulta ideal para asar a la brasa y hornear, pero también es adecuada para freír.

Bintje

Se trata de una patata de origen holandés reconocida por su calidad y versatilidad en el mundo entero. Los tubérculos son grandes, ovalados, de forma regular. La piel, amarilla, presenta ojos superficiales, y la carne es de un amarillo claro. Es una patata semitardía. Se recomienda en especial para asar, incluso en el microondas.

Boniato

Se trata de un tubérculo dulce, con la pulpa de color naranja. Es adecuado para asar con la piel, pero también para otros usos quizá no tan habituales, como elaborar pasteles, pero también platos salados.

Desirée

Es una patata de gran calidad, harinosa. Los tubérculos son ovalados y alargados, con la piel rosada, ojos superficiales y la carne amarilla. Como la mayoría de las patatas semitardías, es adecuada para freír, pero también para asar, hervir y preparar purés.

Fénix

La forma de esta patata es redonda, ligeramente aplastada. Tiene unos ojos algo acentuados, la piel es amarilla y la carne, de un blanco amarillento. Es de maduración semitardía y, por lo tanto, adecuada sobre todo para freír. Bajo esta variedad se incluyen las patatas llamadas palogan y katahdin.

Flamenco

Es una patata nueva o semitardía, de forma ovalada y gruesa, con la piel rojiza y la carne blanca. Las nuevas son idóneas para hacer al vapor, con la piel para conservar la mayor cantidad de vitaminas posible. Todas se pueden asar a la brasa y hornear, así como freír.

Kennebec

De forma elíptica achatada, son patatas de tamaño grueso. La piel es recia, de un amarillo claro, y la carne, blanca. De maduración tardía, es adecuada para asar a la brasa y al horno, aunque también para freír.

Monalisa

Se trata de una patata de gran calidad, semitardía. Los

tubérculos son de un calibre cómodo: gruesos, uniformes, ovalados y alargados. Tanto la piel como la carne son de un amarillo claro. Su textura firme y tendiendo a seca hace de ella una patata ideal para freír. Los ejemplares más pequeños son muy recomendables para elaborar delicadas guarniciones.

Nagore

Tubérculos de forma ovalada y alargada, con la piel roja con ojos profundos, y la carne, de un amarillo pálido. Es una patata de maduración semitardía y de buena calidad, adecuada para varios usos, pero en especial para freír.

Red pontiac

Tubérculo de maduración temprana, redondo u ovalado, con la piel roja, semilisa, y ojos medianamente profundos. La carne es blanca. Estas patatas son idóneas para cocer porque no se deshacen.

Turia

Se trata de una patata de maduración tardía o semitardía, de buena calidad, adecuada para una gran variedad de usos. La piel es rosada, con ojos semiprofundos, y la carne, amarillenta.

Sopas y cremas

Las patatas constituyen la base de muchas
sopas caseras, deliciosas y de fácil preparación,
ya que son el ingrediente perfecto para espesar
y además aportan un discreto sabor. Con pocos componentes más, dispondrá
de una amplia selección de sopas por un bajo coste. Añada unas hierbas, cebolla, ajo, carne, pescado o verduras, aderécelas con hierbas frescas o picatostes,
o simplemente sírvalas con pan crujiente, tanto si se elijen como entrante o
como comida de plato único.

sopa de patata y setas secas

para 4 personas

2 cucharadas de aceite vegetal

2 patatas mantecosas grandes, cortadas en rodajas

1 cebolla cortada en rodajas

2 dientes de ajo chafados

1 litro de caldo de carne

25 g de setas secas

2 tallos de apio cortados en rodajas

2 cucharadas de brandy

sal y pimienta

PARA ACOMPAÑAR:

3 cucharadas de mantequilla

2 rebanadas gruesas de pan de molde blanco, sin corteza

3 cucharadas de parmesano rallado

PARA DECORAR:

setas secas remojadas

ramitas de perejil

1 Caliente el aceite en una sartén grande y saltee las rodajas de patata y cebolla y el ajo a fuego moderado 5 minutos, removiendo.

2 Agregue el caldo de carne, las setas secas y el apio en rodajas. Llévelo a ebullición, reduzca la temperatura y deje cocer la sopa durante 20 minutos, hasta que las patatas estén tiernas.

3 Mientras tanto, derrita la mantequilla en la sartén para freír el pan. Espolvoree las rebanadas con el queso rallado y fríalas 1 minuto por cada lado, hasta que estén crujientes. Corte cada rebanada en dos triángulos.

4 Incorpore en la sopa el brandy, sal y pimienta. Sírvala en boles calientes, adornada con los triángulos de pan, las setas y el perejil.

SUGERENCIA

Probablemente la seta seca más popular es el hongo calabaza (*Boletus edulis*), en francés, *cèpe*, pero cualquiera dará un estupendo sabor a esta sopa. Si prefiere las setas frescas, utilice 125 g de champiñones, o la variedad que desee, en láminas.

sopa de patata y garbanzos

para 4 personas

1 cucharada de aceite de oliva

1 cebolla grande picada

2-3 dientes de ajo picados o chafados

1 zanahoria, cortada en cuartos
   y después en rodajas finas

350 g de patatas cortadas en dados

$^1/_4$ de cucharadita de cúrcuma

$^1/_4$ de cucharadita de *garam masala*

$^1/_4$ de cucharadita de curry

400 g de tomate triturado de lata

850 ml de agua

$^1/_4$ de cucharadita de pasta de guindilla

400 g de garbanzos en conserva,
   escurridos y aclarados

85 g de guisantes, frescos
   o congelados

sal y pimienta

cilantro fresco picado, para adornar

1 Caliente el aceite en una cazuela grande, a fuego suave. Sofría la cebolla y el ajo, removiendo de vez en cuando, durante 3-4 minutos, hasta que la cebolla empiece a ablandarse.

2 Incorpore la zanahoria, las patatas, la cúrcuma, la *garam masala* y el curry, y rehóguelo todo durante 1-2 minutos.

3 Agregue los tomates, el agua, la guindilla y un buen pellizco de sal. Reduzca la temperatura, tape la cazuela y deje que la preparación cueza durante 3 minutos, removiéndola de vez en cuando.

4 Añada los garbanzos y prolongue la cocción durante 15 minutos o hasta que todos los ingredientes estén tiernos.

5 Rectifique la sazón, si es necesario, y añada un poco de guindilla si lo desea. Vierta la sopa en boles calientes, espolvoree con cilantro fresco picado y sírvala inmediatamente.

sopa india de guisantes y patata

para 4 personas

2 cucharadas de aceite vegetal

225 g de patatas mantecosas
   cortadas en dados

1 cebolla grande picada

2 dientes de ajo chafados

1 cucharadita de *garam masala*

1 cucharadita de cilantro molido

1 cucharadita de comino molido

900 ml de caldo de verduras

1 guindilla roja picada

100 g de guisantes congelados

4 cucharadas de yogur natural

sal y pimienta

cilantro fresco picado,
   para adornar

pan caliente para servir

1 Caliente el aceite vegetal en una cazuela grande y añada las patatas, la cebolla y el ajo. Saltéelos suavemente durante 5 minutos, sin dejar de remover.

2 Incorpore las especias y rehóguelo todo 1 minuto, removiendo.

3 Agregue el caldo de verduras y la guindilla roja picada y lleve la preparación a ebullición. Reduzca la temperatura y cuézala a fuego suave durante 20 minutos, o hasta que las patatas empiecen a deshacerse.

4 Incorpore los guisantes y cueza la sopa otros 5 minutos. Agregue el yogur y salpimente al gusto.

5 Vierta la sopa en boles precalentados, aderécela con el cilantro fresco picado y sírvala caliente con pan también caliente.

sopa de patata y verduras al pesto

para 6 personas

2 zanahorias tiernas

450 g de patatas

200 g de guisantes frescos (con vaina)

200 g de judías verdes finas

150 g de calabacines muy tiernos

2 cucharadas de aceite

1 diente de ajo chafado

1 cebolla grande picada

2 ¹/₂ litros de caldo de verduras
   o agua

1 ramillete de hierbas: 2 ramitas
   de perejil fresco atadas a un tallo
   de apio de 7,5 cm

85 g de pasta para sopa

1 tomate grande, pelado despepitado
   y picado o cortado en daditos

lonchitas de queso parmesano, para
   acompañar

PESTO

75 g de hojas de albahaca frescas

1 diente de ajo

5 cucharadas de aceite de oliva
   virgen extra

sal y pimienta

1 Para preparar el pesto, triture en un robot de cocina la albahaca, el ajo y el aceite de oliva. Sazone la pasta al gusto con sal y pimienta. Pásela a un bol, tápela con plástico de cocina y resérvela en la nevera.

2 Pele las zanahorias y córtelas por la mitad a lo largo y, después, en rodajitas. Póngalas en un bol y resérvelas, cubiertas con agua fría para evitar que pierdan color.

3 Desgrane los guisantes, despunte las judías y córtelas en trocitos de 2,5 cm. Corte los calabacines, primero por la mitad a lo largo y después, en rodajitas

4 Caliente el aceite en una cazuela y sofría el ajo, sin dejar de remover, durante 2 minutos. Añada la cebolla y rehogue otros 2 minutos. Agregue las zanahorias y las patatas, y remuévalo todo durante 30 segundos.

5 Incorpore el caldo o el agua y llévelo a ebullición. Reduzca la temperatura, tape la cazuela parcialmente y déjelo cocer durante unos 8 minutos, hasta que las verduras empiecen a estar tiernas.

6 Agregue los guisantes, las judías, los calabacines, el ramillete, la pasta y el tomate. Sazone y cuézalo unos 8-10 minutos, hasta que todo esté tierno. Deseche el ramillete, vierta el pesto y sirva la sopa con parmesano.

sopa de puerro, patata y beicon

para 4 personas

25 g de mantequilla

175 g de patatas cortadas en dados

4 puerros cortados en juliana

2 dientes de ajo chafados

100 g de beicon ahumado cortado
en dados

900 ml de caldo de verduras

225 ml de nata líquida espesa

2 cucharadas de perejil picado

sal y pimienta

PARA DECORAR:

aceite vegetal

1 puerro cortado en juliana

1 Derrita la mantequilla en una cazuela grande y saltee suavemente las patatas, el puerro, el ajo y el beicon, sin dejar de remover, durante 5 minutos.

2 Agregue el caldo de verduras y llévelo a ebullición. A fuego lento y con la cazuela tapada, hierva la sopa durante 20 minutos, hasta que las patatas estén cocidas. Agregue la nata líquida.

3 Mientras tanto, prepare las tiras de puerro para decorar. Caliente abundante aceite a 180-190 ºC o hasta que un dado de pan se dore en 30 segundos. Fría el puerro cortado en juliana durante 1 minuto, o hasta que esté dorado y crujiente; hágalo con cuidado, ya que suelta mucha agua. Escúrralo bien sobre papel absorbente y resérvelo.

4 Reserve unos trocitos de patata, puerro y beicon. Ponga la sopa en una batidora o picadora, en tandas, y bata cada una de ellas 30 segundos. Vierta la crema en la cazuela y caliéntela bien.

5 Añada los trozos de patata, puerro y beicon reservados y el perejil, y sazone. Sirva la sopa en boles calientes, adornada con el puerro frito.

VARIACIÓN

Para una sopa más ligera, al final de la cocción sustituya la nata líquida espesa por yogur o nata líquida baja en grasa.

sopa de pollo y verduras

para 4 personas

2 cucharadas de mantequilla

175 g de pechuga de pollo,
   deshuesada y sin piel

4 puerros picados

2 dientes de ajo chafados

125 g de zanahorias tiernas cortadas
   por la mitad o en cuartos

225 g de patatas nuevas pequeñas,
   cortadas en cuartos

4 cucharadas de harina

125 ml de leche

4-5 cebolletas tiernas, cortadas en
   lonchas diagonales

85 g de puntas de espárrago, de
   unos 4 cm, cortadas por la mitad

125 ml de nata líquida espesa

1 cucharada de perejil fresco picado

1 cucharada de estragón fresco picado

sal y pimienta

1 Ponga en una cazuela el pollo,
el perejil, el estragón y el ajo;
agregue el caldo. Llévelo a ebullición,
reduzca la temperatura, tape la cazuela
y déjelo cocer durante 20 minutos, o
hasta que el pollo esté bien tierno, pero
sin que se deshaga.

2 Saque el pollo de la cazuela y cuele
el caldo. Cuando la pechuga haya
dejado de quemar, córtela en trozos.

3 Vuelva a verter el caldo en la
cazuela, llévelo a ebullición y
luego baje la temperatura. Añada
las zanahorias y cuézalas, tapadas,
durante 5 minutos. Agregue las
patatas, vuelva a tapar la cazuela y
hiérvalo todo 12 minutos más, o hasta
que las verduras empiecen a ablandarse.

4 Mientras tanto, ponga la harina
en un bol y vaya incorporando
poco a poco la leche hasta conseguir
una pasta espesa. Añada un poco del
caldo caliente y remueva bien para
conseguir un líquido sin grumos.

5 Vierta la mezcla anterior en la
cazuela y, sin dejar de remover,
deje que arranque a hervir. Prolongue
la cocción 4-5 minutos, hasta que la
sopa se espese, removiendo.

6 Añada la cebolleta, los espárragos
y el pollo. Cuézalo a fuego lento
unos 15 minutos, hasta que todas las
verduras estén tiernas. Incorpore la
nata líquida y las hierbas.

crema de espinacas y jengibre

para 4 personas

2 cucharadas de aceite de girasol

1 cebolla, picada muy fina

2 cucharadas de jengibre picado

250 g de hojas de espinaca frescas

1 tallo de citronela picado

1 litro de caldo de pollo o de caldo
de verduras

225 g de patatas picadas

1 cucharada de vino de arroz
o de jerez seco

1 cucharadita de aceite de sésamo

sal y pimienta

1 Caliente el aceite en una cazuela grande. Sofría la cebolla, el ajo y el jengibre durante 3-4 minutos, para que se ablanden pero sin que se doren.

2 Reserve 2-3 hojas de espinaca pequeñas. Ponga las restantes y la citronela en la cazuela; rehóguelo hasta que las espinacas se ablanden. Agregue el caldo y las patatas, y llévelo a ebullición. Cuézalo, tapado y a fuego lento, durante 10 minutos.

3 Vierta la sopa en una batidora y tritúrela hasta obtener una crema de consistencia suave.

4 Vierta la crema en la cazuela, añada el vino de arroz o el jerez y rectifique la sazón. Caliéntela sin que llegue a hervir.

SUGERENCIA

Para hacer una crema de espinacas y coco, incorpore 4 cucharadas de coco cremoso o sustituya 300 ml de caldo por la misma cantidad de leche de coco, que se puede adquirir en lata en algunos supermercados y en los establecimientos de alimentación asiáticos. Sirva esta crema decorada con virutas de coco fresco.

5 Pique muy menudas las hojas de espinaca reservadas y esparza una parte sobre la crema. Rocíela con unas gotas de aceite de sésamo y sírvala adornada con las hojas de espinaca restantes.

sopa de patata y guisantes

para 4 personas

2 cucharadas de aceite vegetal

2 patatas mantecosas, sin pelar,
    cortadas en dados

2 cebollas cortadas en dados

75 g de guisantes secos

1 litro de caldo de verduras

60 g de queso gruyer rallado

sal y pimienta

PICATOSTES:

3 cucharadas de mantequilla

1 diente de ajo chafado

1 cucharada de perejil fresco picado

1 rebanada de pan de molde blanco

1 Caliente el aceite en una cazuela grande y saltee las patatas y las cebollas cortadas en dados a fuego moderado 5 minutos, removiendo.

2 Incorpore los guisantes secos y remueva para mezclarlo bien.

3 Vierta el caldo en la cazuela y llévelo a ebullición. Reduzca la temperatura y cuézalo a fuego lento durante 35 minutos, hasta que las patatas y los guisantes estén tiernos.

4 Mientras tanto, para preparar los picatostes, derrita la mantequilla en una sartén. Añada el ajo, el perejil picado y el pan cortado en dados, y fríalos unos 2 minutos, dándoles la vuelta varias veces, hasta que estén uniformemente dorados.

5 Incorpore el queso rallado en la sopa y salpimente al gusto.

6 Vierta la sopa en cuencos calientes y reparta los picatostes. Sírvala de inmediato.

sopa de patata, lentejas y jamón

para 5 personas

300 g de lentejas

2 cucharaditas de mantequilla

1 cebolla grande, picada

2 zanahorias picadas

1 diente de ajo picado muy menudo

450 ml de agua

1 hoja de laurel

$^1/_4$ de cucharadita de salvia o de
romero seco

1 litro de caldo de pollo o de caldo
de verduras

225 g de patatas cortadas en daditos

1 cucharada de pasta de tomate

125 g de jamón en dulce ahumado
cortado en daditos

sal y pimienta

perejil fresco picado, para adornar

1 Aclare y escurra las lentejas y, si es
necesario, elimine las piedrecitas.

2 Funda la mantequilla en una
cazuela grande de base gruesa,
a fuego medio. Añada la cebolla, la
zanahoria y el ajo. Tape la cazuela y
rehóguelo, removiendo varias veces,
durante 4-5 minutos, hasta que la
cebolla esté transparente y se haya
ablandado, pero sin que se dore.

3 Añada las lentejas, el agua, la
hoja de laurel y la salvia o el
romero. Llévelo a ebullición, tape la
cazuela y cuézalo a fuego lento durante
10 minutos.

4 Agregue el caldo, las patatas,
el tomate triturado y el jamón.
Llévelo de nuevo a ebullición y cuézalo,
tapado, durante 25-30 minutos, o
hasta que las verduras estén tiernas.

5 Salpimente al gusto y deseche
la hoja de laurel. Sirva la sopa
en boles calientes, adornada con
perejil picado.

sopa de brécol y patata

para 4 personas

2 cucharadas de aceite de oliva

2 patatas cortadas en dados

1 cebolla cortada en dados

225 g de ramitos de brécol

125 g de queso azul desmenuzado

1 litro de caldo de verduras

150 ml de nata líquida espesa

1 pizca de pimentón

sal y pimienta

SUGERENCIA

Puede congelar esta sopa sin ningún problema. Siga las instrucciones hasta el paso 4 y congélela después de hacer el puré. Añada la nata líquida, el pimentón y los ramitos de brécol justo antes de servirla.

VARIACIÓN

La sopa quedará igualmente deliciosa si sustituye el queso azul por queso cheddar rallado.

---

1 Caliente el aceite en una cazuela y saltee a fuego suave las patatas y la cebolla cortadas en dados durante 5 minutos, removiendo.

2 Reserve unos ramitos de brécol para decorar y ponga el resto en la cazuela. Añada el queso y el caldo.

3 Cuando hierva, cubra la cazuela y cuézalo a fuego lento durante 25 minutos, hasta que las patatas estén tiernas.

4 Transfiera la sopa a una batidora o picadora, en dos tandas, y bata hasta obtener un puré fino. También puede usar un pasapurés, o pasar las verduras por un colador, presionando con el dorso de una cuchara de madera.

5 Vierta el puré en una cazuela limpia y agregue la nata líquida y la pizca de pimentón. Salpimente al gusto.

6 Escalde los ramitos de brécol reservados en agua hirviendo durante 2 minutos y escúrralos con una espumadera.

7 Vierta la sopa en cuencos calientes, coloque encima los ramitos de brécol y espolvoree con pimentón. Sírvala de inmediato.

crema de ajos asados y patata

para 4 personas

1 cabeza de ajos de unos 100 g,
de dientes grandes, pelados

2 cucharadas de aceite de oliva, más
el necesario para untar los ajos

2 puerros grandes, cortados en
rodajas finas

1 cebolla grande picada

500 g de patatas cortadas en dados

1¼ litros de caldo de pollo o de
verduras

1 hoja de laurel

150 ml de nata líquida

nuez moscada recién rallada

zumo de limón (opcional)

sal y pimienta

PARA DECORAR

cebollino fresco cortado menudo

pimentón para espolvorear

1 Ponga los dientes de ajo en una bandeja para el horno, píntelos con aceite y áselos en el horno precalentado a 180 °C durante unos 20 minutos, hasta que se doren.

2 Caliente el aceite en una cazuela grande, a fuego medio. Rehogue el puerro y la cebolla durante unos 3 minutos, removiendo.

3 Agregue las patatas, el ajo asado, el caldo y la hoja de laurel. Sazone con sal y pimienta. Llévelo a ebullición, reduzca la temperatura, tape el recipiente y prolongue la cocción a fuego lento durante unos 30 minutos, hasta que las patatas estén tiernas. Deseche la hoja de laurel.

4 Deje que la sopa se enfríe un poco y bátala en la batidora, en dos tandas, hasta obtener una crema fina. Si lo prefiere, cuele la sopa, reservando el caldo, y triture los ingredientes sólidos con sólo el necesario para obtener un puré denso; incorpore el caldo restante.

5 Vierta la crema en la cazuela y añada la nata líquida y un buen pellizco de nuez moscada rallada. Pruébela y, si es necesario, rectifique la sazón. Si lo desea, añada unas gotas de zumo de limón. Caliéntela a fuego lento y sírvala en boles precalentados, adornada con cebollino y espolvoreada con pimentón.

25

sopa de boniato y manzana

para 6 personas

1 cucharada de mantequilla

3 puerros cortados en rodajas finas

1 zanahoria grande, en rodajas finas

600 g de boniatos, pelados y
cortados en dados

2 manzanas ácidas de postre
grandes, peladas y cortadas
en dados

1¼ litros de agua

nuez moscada recién rallada

225 ml de zumo de manzana

225 ml de nata líquida, y un poco
más para decorar

sal y pimienta

cebollino fresco cortado menudo
o cilantro picado, para decorar

1 Funda la mantequilla en una cazuela grande, a fuego medio. Rehogue el puerro unos 6-8 minutos o hasta que se ablande, removiendo.

2 Incorpore la zanahoria, el boniato, la manzana y el agua. Salpimente y agregue nuez moscada al gusto. Cuando arranque a hervir, reduzca la temperatura, tape la cazuela y cuézalo a fuego lento, removiendo, 20 minutos o hasta que el boniato y la zanahoria estén muy tiernos.

3 Deje que la sopa se enfríe un poco. Viértala en la batidora, en tandas, y bata hasta obtener una crema fina. Si lo prefiere, bata los ingredientes sólidos con sólo un poco de caldo y después incorpore el resto.

4 Vierta la crema en la cazuela y añada el zumo de manzana. Déjela cocer a fuego lento durante unos 10 minutos.

5 Incorpore la nata líquida y prolongue la cocción de la crema alrededor de 5 minutos, removiendo con frecuencia. Pruébela y, si fuera necesario, rectifique la sazón añadiendo, al gusto, sal, pimienta y nuez moscada.

6 Vierta la crema en boles precalentados y decórela con una espiral de nata líquida y con un poco de cebollino cortado muy menudo o de cilantro picado.

puré de apio, puerro y patata

para 4 personas

1 cucharada de mantequilla

1 cebolla picada

2 puerros grandes, cortados por la
mitad a lo largo y luego, en rodajas

750 g de apio cortado en dados

225 g de patatas cortadas en dados

1 zanahoria, cortada en cuartos a lo
largo y después, en rodajitas

1¼ litros de agua

1 pizca de mejorana seca

1 hoja de laurel

nuez moscada recién rallada

sal y pimienta

hojas de apio para decorar

1 Derrita la mantequilla en una
cazuela grande, a fuego medio.
Rehogue la cebolla y el puerro unos
4 minutos, removiendo con frecuencia,
hasta que se ablanden y se vuelvan
transparentes, sin llegar a dorarse.

2 Agregue el apio, la patata, la
zanahoria, el agua, la mejorana,
la hoja de laurel y un buen pellizco de
sal. Cuando hierva, tape la cazuela y
cuézalo a fuego lento unos 25 minutos,
hasta que la patata y la zanahoria estén
tiernas. Deseche la hoja de laurel.

3 Deje que la sopa se enfríe un
poco. Viértala en la batidora, en
tandas si es necesario, y bátala hasta
obtener un puré. Si lo prefiere, bata
los ingredientes sólidos con sólo un
poco de caldo y después incorpore
el resto.

4 Vierta el puré obtenido en
la cazuela y remueva para
homogeneizarlo bien. Sazónelo
al gusto con nuez moscada, sal y
pimienta. Déjelo a fuego medio hasta
que esté bien caliente.

5 Distribuya el puré entre los
boles precalentados y sírvalo
inmediatamente, decorado con
hojas de apio.

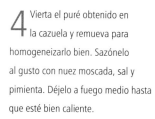

sopa de verduras y maíz

para 4 personas

1 cucharada de aceite vegetal,

1 cebolla roja picada

1 pimiento rojo cortado en daditos

3 dientes de ajo chafados

300 g de patatas cortadas en dados

2 cucharadas de harina

600 ml de leche

300 ml de caldo de verduras

50 g de ramitos de brécol

300 g de maíz tierno en conserva,
    escurrido

75 g de queso cheddar rallado

sal y pimienta

1 cucharada de cilantro fresco
    picado, para decorar

SUGERENCIA

Los quesos vegetarianos se preparan con cuajos de origen no animal, utilizando enzimas microbianas o de hongos.

1 Caliente el aceite en una cazuela grande de base gruesa. Añada la cebolla, el pimiento rojo, el ajo y la patata, y rehogue a fuego lento durante 2-3 minutos, hasta que la cebolla se ablande, removiendo con frecuencia.

2 Agregue la harina y remueva durante 30 segundos. Incorpore poco a poco la leche y el caldo vegetal, hasta obtener una mezcla sin grumos.

3 Añada el brécol y el maíz. Lleve la sopa a ebullición, sin dejar de remover, reduzca la temperatura y cuézala a fuego lento durante 20 minutos, o hasta que la patata y las verduras estén tiernas.

4 Incorpore 50 g de queso y remueva hasta que se funda.

5 Salpimente al gusto y vierta la sopa en una sopera precalentada. Decórela con el resto del queso y con el cilantro, y sírvala inmediatamente.

crema verde

para 4 personas

1 cucharada de aceite de oliva

1 cebolla picada

1 diente de ajo picado

200 g de patatas cortadas en dados
de 2,5 cm de lado

700 ml de caldo de verduras
o de pollo

1 pepino pequeño o ¹/₂ pepino
grande, cortado en trozos

85 g de berros

125 g de judías verdes,
despuntadas y cortadas por
la mitad a lo largo

sal y pimienta

VARIACIÓN

Sustituya las judías por
125 g de tirabeques.

SUGERENCIA

Para cocinar, el mejor aceite de
oliva es el virgen. El resto se
somete a un proceso de refinado
a alta temperatura.

1 Caliente el aceite en una cazuela grande y sofría la cebolla y el ajo a fuego medio durante 3-4 minutos, removiendo de vez en cuando.

2 Añada los dados de patata y rehóguelos 2-3 minutos. Incorpore el caldo y llévelo a ebullición. Reduzca la temperatura y déjelo cocer a fuego lento durante 5 minutos.

3 Agregue el pepino y prolongue la cocción 3 minutos o hasta que la patata esté tierna. Compruébelo clavando la punta de un cuchillo afilado en algún dado (si están en su punto, los atravesará fácilmente).

4 Añada los berros y cuézalos sólo hasta que se ablanden. Aparte la cazuela del fuego y deje enfriar un poco la sopa. Después, viértala en una batidora y bátala hasta obtener una crema fina. Si lo prefiere, antes de incorporar los berros, pase las patatas y las verduras por un pasapurés, pique muy menudos los berros e incorpórelos en la crema junto con el caldo.

5 Ponga a hervir agua en un cazo y cueza las judías al vapor durante 3-4 minutos o hasta que estén tiernas. Añádalas a la crema verde, salpimente al gusto y caliéntela. Sírvala de inmediato en boles calientes o bien, cuando esté a temperatura ambiente, métala en el frigorífico y sírvala muy fría.

crema zanahoria y comino

para 4-6 personas

3 cucharadas de mantequilla
  o margarina
1 cebolla grande picada
1-2 dientes de ajo chafados
350 g de zanahorias, cortadas
  en rodajas
850 ml de caldo de pollo o de
  verduras
$1/4$ de cucharadita de comino molido
2 tallos de apio en rodajitas finas
115 g de patatas cortadas en dados
2 cucharaditas de pasta de tomate
2 cucharaditas de zumo de limón
2 hojas de laurel, frescas o secas
unos 300 ml de leche desnatada
sal y pimienta
hojas de apio para decorar

1 Derrita la mantequilla o la margarina en una cazuela grande y rehogue la cebolla y el ajo a fuego lento, removiendo, hasta que se ablanden.

2 Añada la zanahoria y rehogue unos 5 minutos más, removiendo, sin dejar que las verduras se doren.

3 Agregue el caldo, el comino, el apio, la patata, la pasta de tomate, el zumo de limón y el laurel. Salpimente y llévelo a ebullición. Tape la cazuela y cuézalo a fuego lento unos 30 minutos, hasta que la patata y las verduras estén tiernas.

4 Deseche las hojas de laurel, deje que la sopa se enfríe un poco y pásela por el chino o bátala en una batidora hasta obtener una crema fina.

5 Vierta la crema en una cazuela limpia, añada la leche y llévela a ebullición a fuego lento. Rectifique la sazón si es necesario.

6 Sirva la crema de inmediato, en boles calientes, adornada con unas hojitas de apio.

SUGERENCIA
Guarde esta crema congelada hasta 3 meses. Incorpore la leche cuando la caliente para servirla.

crema de boniato y calabaza

para 6 personas

350 g de boniatos

1 calabacita

4 chalotes

aceite de oliva, para untar

5-6 dientes de ajo sin pelar

850 ml de caldo de pollo

125 ml de nata líquida

sal y pimienta

cebollino fresco, para decorar

1 Corte los boniatos, la calabacita y los chalotes por la mitad a lo largo. Unte con aceite las caras cortadas.

2 Póngalos, con la cara cortada hacia arriba, en una bandeja para horno llana, junto con los ajos. Áselos en el horno precalentado a 190 ºC durante 40 minutos, hasta que todo esté tierno y ligeramente dorado.

3 Cuando se hayan enfriado, extraiga con una cuchara la pulpa de las mitades de boniato y de patata, y póngala en una cazuela junto con los chalotes. Oprima los dientes de ajo de modo que el interior salte de la piel e incorpórelos también.

4 Añada el caldo y sal. En cuanto hierva, reduzca la temperatura y cuézalo a fuego lento, con la cazuela parcialmente tapada y removiendo de vez en cuando, unos 30 minutos o hasta que todo esté muy tierno.

5 Deje que la sopa se enfríe un poco, póngala en una batidora, en tandas si es necesario, y bátala hasta obtener una crema fina. Si lo prefiere, triture los ingredientes sólidos con sólo un poco de caldo y después incorpore el resto.

6 Vierta la sopa en la cazuela y añada la nata líquida. Sazone, caliéntela a fuego lento durante unos 5-10 minutos y sírvala de inmediato.

vichyssoise de berros

para 6 personas

1 cucharada de aceite de oliva

3 puerros grandes cortados en
   rodajas finas

350 g de patatas en daditos

600 ml de caldo de pollo o
   de verduras

450 ml de agua

1 hoja de laurel

175 g de berros limpios

175 ml de nata líquida

sal y pimienta

berros para decorar

1 Caliente el aceite en una cazuela de base gruesa y sofría las rodajas de puerro a fuego medio durante unos 3 minutos, hasta que empiecen a ablandarse, removiendo a menudo.

SUGERENCIA

Para hacer picatostes al ajo, corte
3 rebanadas de pan del día
anterior en dados de 5 mm.
Caliente 3 cucharadas de aceite
de oliva en una sartén y fría
1 diente de ajo grande picado
durante 2 minutos; deséchelo.
Fría los picatostes hasta que
se doren. Escúrralos bien.

2 Incorpore la patata, el caldo, el agua y el laurel. Sale al gusto. Llévelo a ebullición, tape la cazuela y cuézalo a fuego lento durante unos 25 minutos, hasta que las patatas y las verduras estén tiernas. Deseche la hoja de laurel.

3 Añada los berros y, removiendo con frecuencia, prolongue la cocción durante 2-3 minutos más, hasta que se ablanden.

4 Deje que la sopa se enfríe un poco y tritúrela en una batidora, en tandas si fuera necesario. También puede colarla reservando el caldo, triturar los elementos sólidos sólo con el líquido suficiente para obtener un puré denso, y añadir después el caldo reservado.

5 Vierta la crema obtenida en un bol grande e incorpore la mitad de la nata líquida. Añada sal si fuera necesario, y pimienta abundante. Deje que se enfríe a temperatura ambiente.

6 Ponga a enfriar la *vichyssoise* en la nevera. Cuando esté fría, pruébela y rectifique la sazón si fuera necesario. Para llevarla a la mesa, viértala en boles previamente enfriados y decore la superficie con el resto de la nata líquida y hojas de berro. Sírvala de inmediato.

crema de guisantes con menta y yogur

para 6 personas

1 cucharada de aceite de girasol

2 cebollas troceadas

225 g de patatas troceadas

2 dientes de ajo

1 trozo de jengibre de 2,5 cm, picado

1 cucharadita de cilantro molido

1 cucharadita de comino molido

1 cucharada de harina

850 ml de caldo de verduras

500 g de guisantes congelados

2-3 cucharadas de menta fresca picada

150 ml de yogur griego, y algo más para decorar

$^1/_2$ cucharadita de fécula de maíz

300 ml de leche

sal y pimienta

ramitas de menta fresca para decorar

1 Caliente el aceite de girasol en una cazuela, añada la cebolla y la patata y, removiendo de vez en cuando, rehóguelas a fuego lento durante unos 3 minutos, hasta que la cebolla esté blanda y transparente.

2 Incorpore el ajo, el jengibre, el cilantro, el comino y la fécula, y siga rehogando durante 1 minuto, sin dejar de remover.

3 Añada el caldo, los guisantes y la mitad de la menta. Llévelo a ebullición, removiendo, tape la cazuela y cuézalo a fuego lento durante 15 minutos, o hasta que la patata y las verduras estén muy tiernas.

4 Bata la sopa, en tandas, en una batidora. Vierta la crema en la cazuela y salpimente. Deslía la fécula de maíz con el yogur para obtener una pasta fina e incorpórela en la crema

5 Añada la leche y caliente la crema hasta que esté a punto de hervir, removiendo. Cuézala a fuego muy lento durante 2 minutos. Sírvala caliente, adornada con ramitas de menta fresca y unos chorritos de yogur.

vichyssoise

para 6 personas

3 puerros grandes

3 cucharadas de mantequilla

1 cebolla cortada en rodajas finas

500 g de patatas picadas

850 ml de caldo de verduras

2 cucharaditas de zumo de limón

1 pellizco de nuez moscada molida

$^1/_4$ de cucharadita de cilantro molido

1 hoja de laurel

1 yema de huevo

150 ml de nata líquida

sal y pimienta

cebollino fresco, para decorar

1 Limpie los puerros y elimine la parte más verde. Corte en rodajas muy finas la parte blanca.

2 Derrita la mantequilla (puede usar margarina) en una cazuela grande de base gruesa. Añada el puerro y la cebolla y, removiendo, rehóguelos a fuego medio durante 5 minutos, sin dejar que lleguen a dorarse.

3 Agregue la patata, el caldo, el zumo de limón, la nuez moscada, el cilantro y el laurel; salpimiente y llévelo a ebullición. Tape la cazuela y cuézalo unos 30 minutos, hasta que todas las verduras estén muy tiernas.

4 Cuando la sopa se haya enfriado un poco, deseche la hoja de laurel y pásela sopa por el chino o bátala en una batidora hasta obtener una crema fina. Viértala en una cazuela limpia.

5 Diluya la yema de huevo con un poco de la crema; añada un poco más y vierta la mezcla en la cazuela. Caliente la *vichyssoise* a fuego lento, sin dejar que hierva. Rectifique la sazón. Cuando esté a temperatura ambiente, métala en el frigorífico.

6 Sirva la *vichyssoise* muy fría, espolvoreada con cebollino picado.

crema de hinojo y tomate

para 4 personas

2 cucharadas de aceite de oliva

1 cebolla grande cortada por la
mitad y después en rodajas

2 bulbos de hinojo cortados por
la mitad y después en rodajas

1 patata pequeña, cortada en dados

850 ml de agua

400 ml de zumo de tomate

1 hoja de laurel

125 g de colas de gamba cocidas,
peladas

2 tomates, pelados, sin semillas
y picados

1/2 cucharadita de eneldo fresco

sal y pimienta

ramitas de eneldo fresco o de
hinojo, para decorar

SUGERENCIA

Al comprar el hinojo, busque
bulbos prietos y redondeados, de
bonito color. No deben presentar
humedad aparente, pero
tampoco estar resecos.

1 Caliente el aceite de oliva en una cazuela grande y rehogue a fuego medio la cebolla y el hinojo durante 3-4 minutos, removiendo de vez en cuando, hasta que la cebolla se ablande pero sin que llegue a dorarse.

2 Agregue la patata, el agua, el zumo de tomate, la hoja de laurel y un buen pellizco de sal. Tape la cazuela y cuézalo a fuego lento durante 25 minutos, hasta que las verduras estén tiernas.

3 Deje que la sopa se enfríe un poco, viértala en una batidora, en tandas si fuera necesario, y bátala hasta obtener una crema fina. También puede colar la sopa, reservando el caldo de cocción, y triturar los ingredientes sólidos sólo con el líquido preciso para obtener un puré de consistencia firme, y añadir después el caldo reservado.

4 Vierta la crema en una cazuela limpia y agregue las colas de gamba. Deje que cueza a fuego lento unos 10 minutos para que, además de calentarse bien, absorba todo el sabor de las gambas.

5 Añada el tomate y el eneldo. Rectifique la sazón añadiendo, si le pareciera necesario, sal y pimienta. Si lo desea, aclare la crema con un poco más de zumo de tomate. Sírvala en boles precalentados, adornada con ramitas de eneldo o hinojo.

crema de almejas de Nueva Inglaterra

para 4 personas

900 g de almejas frescas

4 lonchas de beicon magro,
   sin corteza y picado

2 cucharadas de mantequilla

1 cebolla picada

1 cucharada de tomillo fresco picado

300 g de patatas cortadas en dados

300 ml de leche

1 hoja de laurel

150 ml de nata líquida espesa

1 cucharada de perejil fresco picado

sal y pimienta

ramitas de tomillo para decorar

1 Limpie las almejas y póngalas en una cazuela con un poco de agua. Caliéntelas a fuego vivo 3-4 minutos, hasta que se abran. Deseche cualquiera que permanezca cerrada. Cuele el líquido de cocción y resérvelo. Deje que se enfríe un poco.

2 Reserve 8 almejas para decorar. Saque el resto de la concha, píquelas si son grandes y resérvelas.

3 En una cazuela limpia, fría el beicon hasta que esté dorado y crujiente. Deje que se escurra sobre papel de cocina. En la misma cazuela, derrita la mantequilla y rehogue la cebolla durante 4-5 minutos, hasta que

se ablande, sin dorarse. Agregue el tomillo y, pasados unos segundos, los dados de patata, el líquido de cocción de las almejas, la leche y el laurel. Llévelo a ebullición y cuézalo a fuego lento durante 10 minutos, hasta que las patatas estén tiernas pero sin que se deshagan. Deseche la hoja de laurel.

4 Triture la sopa en una batidora o pásela por el chino.

5 Ponga la crema en una cazuela limpia. Incorpore las almejas, el beicon y la nata. Caliéntela a fuego muy lento 2-3 minutos. Sazónela, incorpore el perejil, decórela con las ramitas de tomillo y llévela a la mesa.

sopa de bacalao ahumado

para 4 personas

1 cucharada de aceite vegetal

55 g de beicon magro ahumado
cortado en tiras muy finas

1 cebolla grande picada

2 cucharadas de harina

1 litro de leche

700 g de patatas cortadas en dados

175 g de filete de bacalao
ahumado, sin piel

sal y pimienta

perejil fresco picado muy fino para
decorar

SUGERENCIA

Las patatas cortadas en dados no
sólo son más atractivas a la vista,
sino que además se cuecen más
rápida y uniformemente.

1 Caliente el aceite en una cazuela grande y sofría el beicon durante 2 minutos a fuego medio. Incorpore la cebolla y, removiendo, sofríalo durante 5-7 minutos más, hasta que esté blanda y el beicon, dorado. Incline la cazuela y, con una cuchara, retire el máximo de grasa posible.

2 Incorpore la harina y dórela un poco durante unos 2 minutos. Añada la mitad de la leche y remuévalo bien, raspando la base de la cazuela para que no se pegue la harina.

3 Agregue las patatas y el resto de la leche; salpimente. Llévelo a ebullición, removiendo, tape la cazuela parcialmente y cuézalo a fuego lento durante 10 minutos.

4 Incorpore luego el pescado y, removiendo de vez en cuando, prolongue la cocción otros 15 minutos, o hasta que la patata esté tierna y el pescado se desmigaje fácilmente.

5 Pruebe la sopa y, si fuera necesario, rectifique la sazón. Viértala en una sopera caliente o en boles individuales, y espolvoréela con perejil picado.

bullabesa

para 6 personas

450 g de gambas grandes crudas

750 g de filetes de pescado blanco de
    carne firme, como lubina o rape

4 cucharadas de aceite de oliva

la ralladura de 1 naranja

1 diente de ajo grande, picado fino

$^{1}/_{2}$ cucharadita de pasta de guindilla
    o *harissa*

1 puerro grande cortado en rodajas

1 cebolla, cortada por la mitad y
    después en rodajas

1 pimiento rojo cortado en rodajas

3-4 tomates cortados en octavos

4 dientes de ajo en rodajitas

1 hoja de laurel

1 pellizco de hebras de azafrán

$^{1}/_{2}$ cucharadita de semillas de hinojo

600 ml de agua

1$^{1}/_{4}$ litros de caldo de pescado

1 bulbo de hinojo, picado muy fino

225 g de patatas, cortadas por la
    mitad y después en rodajas finas

250 g de vieiras

sal y pimienta

PARA ACOMPAÑAR

1 tarro de alioli

rebanadas de pan de Viena tostadas

ramitas de eneldo fresco, para
    decorar

1 Pele las gambas y reserve cáscaras y cabezas. Corte el pescado en cuadrados de unos 5 cm de lado. Recorte los bordes desiguales y resérvelos. Ponga el pescado en un cuenco con 2 cucharadas de aceite, la ralladura, el ajo y la pasta de guindilla. Remueva para untarlo bien. Guárdelo en la nevera, así como las gambas.

2 Del resto del aceite, caliente 1 cucharada en una cazuela grande. Rehogue a fuego medio el puerro, la cebolla y el pimiento durante 5 minutos, sin dejar de remover, hasta que la cebolla se ablande.

3 Incorpore los tomates, el diente de ajo a rodajitas, la hoja de laurel, el azafrán, las semillas de hinojo, las pieles y cabezas de gamba, el agua y el caldo de pescado. Llévelo a ebullición y cuézalo durante unos 30 minutos con el recipiente tapado. Cuele el caldo.

4 Caliente la última cucharada de aceite en una cazuela grande. Añada el hinojo y la cebolla, y rehogue unos 5 minutos, hasta que se ablanden. Agregue el caldo y las patatas, y llévelo a ebullición. Reduzca la temperatura, tápelo y cuézalo 12-15 minutos, hasta que todo esté tierno.

5 Baje el fuego y añada el pescado frío, empezando por los trozos más gruesos; agregue los más finos pasados 2-3 minutos. Incorpore las gambas y las vieiras, también frías, y cueza la sopa a fuego lento hasta que el marisco esté hecho y opaco.

6 Rectifique la sazón. Sirva la sopa en boles calientes, con rebanadas de pan untadas con alioli por encima y decorada con ramitas de eneldo.

SUGERENCIA

Existen tantas versiones
de bullabesa como poblaciones
en la costa mediterránea
de Francia. Puede emplear
el pescado que desee, pero es
preferible optar por filetes
gruesos, de carne firme.

Ensaladas, tentempiés y comidas ligeras

Las patatas se pueden utilizar para elaborar un amplio surtido de apetitosos platos, que siempre resultan muy nutritivos pues los hidratos de carbono que aporta este tubérculo constituyen una notable fuente de energía. Además, el sabor neutro de las patatas permite combinarlas con muchos ingredientes y condimentos distintos.

En este capítulo encontrará tentempiés y ensaladas que tienen como base las patatas. Además de deliciosas preparaciones cremosas, otras muchas recetas tentarán su paladar, entre las cuales se incluyen las de una serie de platos adecuados para almuerzos ligeros. Algunas de ellas son ideales para acompañar carnes o pescados asados en la barbacoa, así como también para llevar a una merienda campestre.

ensalada china de nidos de patata

para 4 personas

NIDOS DE PATATA:

450 g de patatas mantecosas
   ralladas

125 g de harina de maíz

aceite vegetal para freír

cebollino fresco para adornar

ENSALADA:

125 g de piña cortada en dados

1 pimiento verde cortado en tiras

1 zanahoria cortada en juliana

50 g de tirabeques

4 mazorquitas de maíz cortadas por
   la mitad a lo largo

25 g de brotes de soja

2 cebolletas cortadas en rodajas

ALIÑO:

1 cucharada de miel

1 cucharadita de salsa de soja clara

1 diente de ajo chafado

1 cucharadita de zumo de limón

SUGERENCIA

Para freír los nidos un wok
resultaría ideal, pero también
puede hacerlo en una sartén.

1 Para hacer los nidos, lave la patata rallada varias veces con agua fría. Escúrrala bien sobre papel de cocina, para evitar que el aceite salte cuando fría los nidos, y colóquela en un cuenco grande. Mézclela bien con la harina de maíz.

2 Llene hasta la mitad un wok con aceite vegetal y caliéntelo hasta que humee. Forre un colador de 15 cm de diámetro con una cuarta parte de la mezcla de patata y presione con otro colador.

3 Sumerja los coladores en el aceite y fría el nido 2 minutos, hasta que esté dorado y crujiente. Retírelo del wok y deje escurrir el exceso de aceite sobre papel de cocina.

4 Repita otras 3 veces la operación y deje que los nidos se enfríen.

5 Mezcle los ingredientes de la ensalada en un cuenco y repártala entre los nidos de patata.

6 Mezcle los ingredientes del aliño en un cuenco. Viértalo por encima de la ensalada, adórnela con el cebollino y sírvala.

ensalada de remolacha con aliño de eneldo

para 4 personas

450 g de patatas mantecosas
4 remolachas pequeñas cocidas
½ pepino pequeño, en rodajitas
2 pepinillos encurtidos grandes
   sazonados con eneldo, en rodajas
1 cebolla roja en rodajas
ramitas de eneldo, para decorar
ALIÑO:
1 diente de ajo chafado
2 cucharadas de aceite de oliva
2 cucharadas de vinagre de vino tinto
2 cucharadas de eneldo picado
sal y pimienta

1 Cueza las patatas cortadas en dados en agua hirviendo durante 15 minutos o hasta que estén tiernas. Escúrralas y páselas a un cuenco.

2 Cuando se hayan enfriado, mezcle en el cuenco las patatas y la remolacha en rodajas; resérvelo.

3 Coloque las rodajas de pepino en una fuente; disponga los pepinillos y la cebolla.

4 Con una cuchara, ponga la patata y la remolacha en el centro.

5 En un cuenco pequeño, mezcle bien los ingredientes del aliño, y viértalo sobre la ensalada.

6 Sirva la ensalada de remolacha de inmediato, adornada con unas ramitas de eneldo.

ensalada de patatas nuevas asadas

para 4 personas

650 g de patatas nuevas, limpias

3 cucharadas de aceite de oliva

2 cucharadas de tomillo fresco picado

1 cucharadita de pimentón

4 lonchas de beicon ahumado

sal y pimienta

1 ramita de perejil, para adornar

ALIÑO:

4 cucharadas de mayonesa

1 cucharada de vinagre de vino

   al ajo

2 dientes de ajo chafados

1 cucharada de perejil fresco picado

1 Cueza las patatas en agua hirviendo unos 10 minutos. Escúrralas bien.

2 Mezcle el aceite de oliva con el tomillo y el pimentón, y vierta este aliño sobre las patatas calientes.

3 Ase las lonchas de beicon bajo el grill precalentado durante unos 5 minutos, dándoles la vuelta una vez, hasta que estén crujientes. Cuando esté listo, pique el beicon y manténgalo caliente.

4 Ase las patatas bajo el grill unos 10 minutos, dándoles la vuelta una vez.

5 Mezcle los ingredientes del aliño en un cuenco pequeño. Transfiera las patatas y el beicon a una ensaladera grande. Salpimente y mezcle bien.

6 Ponga el aliño por encima y decore con una ramita de perejil. Puede servir la ensalada caliente, o también dejarla enfriar y servirla recién sacada de la nevera.

ensalada india de patatas

para 4 personas

4 patatas mantecosas, en dados

75 g de ramitos pequeños de brécol

1 mango pequeño cortado en dados

4 cebolletas cortadas en rodajas

sal y pimienta

poppadoms pequeños, para

   acompañar

ALIÑO:

1/2 cucharadita de comino molido

1/2 cucharadita de cilantro molido

1 cucharada de *chutney* de mango

150 ml de yogur natural

1 cucharadita de jengibre picado

2 cucharadas de cilantro picado

1 Cueza las patatas en agua hirviendo 10 minutos o hasta que estén tiernas. Escúrralas y póngalas en un bol grande.

2 Mientras tanto, escalde los ramitos de brécol en una cazuela aparte con agua hirviendo durante 2 minutos. Escúrralos bien y colóquelos en el bol junto con las patatas.

3 Cuando las patatas y el brécol se hayan enfriado, añada el mango y la cebolleta. Salpimente al gusto y mézclelo todo bien, con cuidado.

4 Mezcle los ingredientes del aliño en un cuenco pequeño.

5 Vierta el aliño por encima de la ensalada y remuévalo bien, pero siempre con cuidado para que no se rompan las patatas ni el brécol.

6 Sirva la ensalada de inmediato, acompañada con *poppadoms* pequeños.

ensalada mexicana

para 4 personas

4 patatas mantecosas grandes
   cortadas en rodajas

1 aguacate maduro

1 cucharadita de aceite de oliva

1 cucharadita de zumo de limón

1 diente de ajo chafado

1 cebolla picada

2 tomates grandes cortados en
   rodajas

1 guindilla verde picada

1 pimiento amarillo cortado en
   rodajas

2 cucharadas de cilantro fresco
   picado

sal y pimienta

gajos de limón, para adornar

1 Cueza las rodajas de patata en agua hirviendo 10-15 minutos o hasta que estén tiernas.

2 Mientras tanto, corte el aguacate por la mitad y retire el hueso. Con una cuchara, extraiga la pulpa de las dos mitades y colóquela en un cuenco grande.

3 Con un tenedor, haga un puré con el aguacate y añada el aceite de oliva, el zumo de limón, el ajo y la cebolla picada. Cubra el cuenco con plástico de cocina y reserve el guacamole.

4 Mezcle el tomate con la guindilla y el pimiento, y póngalo junto con las rodajas de patata en una ensaladera.

5 Con una cuchara, ponga el guacamole encima y espolvoree con el cilantro. Salpimente y sirva la ensalada adornada con los gajos de limón.

ensalada de boniato y plátano

para 4 personas

500 g de boniatos cortados en
    dados
4 cucharadas de mantequilla
1 cucharada de zumo de limón
1 diente de ajo chafado
1 pimiento rojo cortado en dados
1 pimiento verde cortado en dados
2 plátanos, en rodajas gruesas
2 rebanadas gruesas de pan de
    molde, sin corteza, en dados
sal y pimienta
ALIÑO:
2 cucharadas de miel
2 cucharadas de cebollino picado
2 cucharadas de zumo de limón
2 cucharadas de aceite de oliva

SUGERENCIA

Utilice plátanos no demasiado
maduros, de consistencia firme,
porque así no se ablandarán
al freírlos.

1 Cueza los boniatos en agua
hirviendo 10-15 minutos, hasta
que estén tiernos. Escúrralos bien y
resérvelos.

2 Derrita la mantequilla en una
sartén. Añada el zumo de limón,
el ajo y los pimientos, y fríalo unos
3 minutos, sin dejar de remover.

3 Incorpore las rodajas de plátano a
la sartén y déjelas al fuego 1 minuto
más. Retire el contenido con una
espumadera y mézclelo con el boniato.

4 Fría los dados de pan en la sartén
durante 2 minutos, dándoles la
vuelta para que se doren por todos
los lados.

5 A continuación, mezcle bien todos
los ingredientes del aliño en un
cazo y caliéntelos hasta que la miel
esté líquida.

6 Con una cuchara, ponga la mezcla
de boniato en una ensaladera y
salpimente al gusto. Vierta el aliño por
encima y remate con los picatostes.
Sirva la ensalada inmediatamente.

ensalada de patata

para 4 personas

700 g de patatas nuevas pequeñas

8 cebolletas tiernas

1 huevo duro (opcional)

250 ml de mayonesa baja en grasa

1 cucharadita de pimentón

sal y pimienta

PARA DECORAR

2 cucharadas de cebollino fresco
cortado muy menudo

1 pellizco de pimentón

SUGERENCIA

Puede preparar un aliño más
ligero mezclando a partes iguales
mayonesa y yogur natural.

1 Cueza las patatas en agua hirviendo ligeramente salada durante 10-15 minutos o hasta que estén tiernas.

2 Escúrralas con un colador y manténgalas bajo el chorro del agua fría hasta que se hayan enfriado por completo. Escúrralas de nuevo y resérvelas en un cuenco hasta que las necesite.

3 Limpie las cebolletas y córtelas en rodajas finas en diagonal. Pique el huevo duro, si lo utiliza.

4 Mezcle en un bol la mayonesa, el pimentón y sal y pimienta al gusto. Vierta esta mezcla sobre las patatas.

5 Añada a las patatas las rodajas de cebolleta y el huevo, si lo emplea, y mézclelo todo.

6 Pase la ensalada de patatas a una ensaladera y esparza por encima el cebollino y el pimentón. Cúbrala con plástico de cocina y déjela en la nevera hasta que la necesite.

ensalada de patata, rábano y pepino

para 4 personas

450 g de patatas nuevas, limpias
    y partidas por la mitad
½ pepino cortado en rodajitas
2 cucharaditas de sal
1 manojo de rábanos en rodajitas
ALIÑO:
1 cucharada de mostaza de Dijon
2 cucharadas de aceite de oliva
1 cucharada de vinagre de vino blanco
2 cucharaditas de hierbas variadas,
    picadas

1 Cueza las patatas en agua hirviendo durante 10-15 minutos o hasta que estén tiernas. Escúrralas y deje que se enfríen.

2 Mientras tanto, extienda las rodajas de pepino sobre un plato y espolvoréelas con sal. Déjelas reposar 30 minutos y páselas bajo el grifo de agua fría. Séquelas con papel de cocina.

3 Disponga las rodajas de pepino y rábano en una fuente, formando un dibujo decorativo, y apile las patatas cocidas en el centro.

4 En un cuenco pequeño, mezcle todos los ingredientes del aliño. Viértalo sobre la ensalada, procurando que quede bien recubierta. Cúbrala con plástico de cocina y déjela un rato en la nevera antes de servirla.

SUGERENCIA

El pepino aporta a la ensalada no sólo color sino también frescura. Déjelo reposar con sal para eliminar el exceso de agua y que la ensalada no quede empapada. Lávelo bien para eliminar toda la sal antes de incorporarlo a la ensalada.

ensalada nizarda de atún

para 4 personas

4 huevos

450 g de patatas nuevas

115 g de judías verdes, despuntadas
   y cortadas por la mitad

2 filetes de atún de 175 g cada uno

6 cucharadas de aceite de oliva y
   un poco más para untar

1 diente de ajo chafado

1 1/2 cucharaditas de mostaza de Dijon

2 cucharaditas de zumo de limón

2 cucharadas de albahaca picada

2 cogollos de lechuga

200 g de tomates cereza partidos
   por la mitad

175 g de pepino, pelado y cortado
   por la mitad y después en rodajas

50 g de aceitunas negras sin hueso

50 g de anchoas en aceite, escurridas

sal y pimienta

1 Hierva los huevos durante
7-9 minutos: 7 para que la yema quede ligeramente blanda o 9 para que quede firme. Saque los huevos y refrésquelos bajo el chorro de agua fría. Resérvelos.

2 Cueza las patatas en agua salada
hirviendo durante 10-12 minutos, hasta que estén tiernas. Añada las judías verdes 3 minutos antes de que finalice el tiempo de cocción. Escurra patatas y judías, y refrésquelas bajo el chorro del agua fría. Escúrralas bien.

3 Enjugue los filetes de atún.
Úntelos con aceite de oliva y sazónelos. Áselos en una parrilla precalentada, 2-3 minutos por cada lado, de modo que queden tiernos pero rosados por el centro. Déjelos reposar.

4 Mezcle bien el aceite de oliva con
el ajo, la mostaza, el zumo de limón, la albahaca, sal y pimienta.

5 Separe las hojas de lechuga y
déjelas enteras si son pequeñas o córtelas en trozos grandes. Repártalas entre los platos. Distribuya las judías, los tomates, el pepino y las aceitunas. Mezcle un poco todos los ingredientes. Pele los huevos y córtelos en cuartos a lo largo. Dispóngalos por encima de la ensalada, así como las anchoas.

6 Trocee los filetes de atún y
distribúyalos sobre la ensalada. Vierta por encima el aliño y llévela a la mesa.

ensalada de verduras variadas

para 4 personas

450 g de patatas nuevas
   mantecosas, limpias
1 zanahoria cortada en juliana fina
225 g de ramitos de coliflor
225 g de mazorquitas cortadas
   por la mitad a lo largo
175 g de judías verdes francesas
175 g de jamón en dulce en dados
50 g de champiñones en láminas
sal y pimienta
ALIÑO:
2 cucharadas de perejil fresco
   picado
150 ml de mayonesa
150 ml de yogur natural
4 cucharaditas de zumo de limón
la ralladura de 1 limón
2 cucharaditas de semillas de hinojo

1 Cueza las patatas en agua hirviendo 15 minutos o hasta que estén tiernas. Escúrralas y deje que se enfríen. Cuando estén frías, córtelas en rodajas finas.

2 Mientras tanto, en otra cazuela, cueza la zanahoria, la coliflor, las mazorquitas y las judías verdes, durante 5 minutos. Escúrralo todo bien y deje que se enfríe.

> **SUGERENCIA**
> Para ganar tiempo,
> utilice verduras variadas
> congeladas en lugar
> de verdura fresca.

3 Reserve 1 cucharadita de perejil picado para decorar y mezcle el resto en un cuenco con los otros ingredientes del aliño.

4 Disponga las verduras en una fuente y coloque por encima el jamón y los champiñones.

5 Justo antes de servirla, vierta el aliño sobre la ensalada y adórnela con el perejil reservado.

ensalada de bogavante con aliño de lima

para 4 personas

450 g de patatas mantecosas,
limpias y cortadas en rodajas

225 g de carne de bogavante cocida

150 ml de mayonesa

2 cucharadas de zumo de lima

la ralladura fina de 1 lima

1 cucharada de perejil fresco picado

2 cucharadas de aceite de oliva

2 tomates, despepitados y en dados

2 huevos duros cortados en cuartos

1 cucharada de aceitunas verdes,
deshuesadas y troceadas

sal y pimienta

SUGERENCIA

Como esta ensalada lleva marisco, sírvala inmediatamente o guárdela en la nevera, cubierta, como máximo 1 hora.

1 Cueza las patatas en agua hirviendo 10-15 minutos, hasta que estén bien tiernas. Escúrralas y resérvelas.

2 Extraiga la carne del bogavante de su caparazón y córtela en trozos grandes.

3 En un cuenco, mezcle la mayonesa con 1 cucharada de zumo de lima, la mitad de la ralladura y la mitad del perejil; resérvelo.

4 En otro cuenco, mezcle el resto del zumo de lima con el aceite de oliva y vierta este aliño sobre las patatas. Dispóngalas en una fuente.

5 Ponga por encima la carne de bogavante, el tomate, el huevo y las aceitunas. Salpimente y espolvoree con el perejil reservado.

6 Ponga mayonesa en el centro de la ensalada, adórnela con el resto de la ralladura de lima y sírvala de inmediato.

59

ensalada picante de patata y pollo

para 4 personas

2 filetes de pechuga de pollo sin
    piel, de unos 125 g cada uno

25 g de mantequilla

1 guindilla roja picada

1 cucharada de miel líquida

½ cucharadita de comino molido

2 cucharadas de cilantro picado

600 g de patatas cortadas en dados

50 g de judías verdes francesas
    partidas por la mitad

1 pimiento rojo cortado en tiras finas

2 tomates, despepitados y cortados
    en dados

ALIÑO:

2 cucharadas de aceite de oliva

1 pizca de guindilla en polvo

1 cucharada de vinagre de vino
    al ajo

1 pizca de azúcar lustre

1 cucharada de cilantro fresco
    picado

1 Corte el pollo en tiras finas. Derrita la mantequilla en una sartén a fuego moderado y saltéelo con la guindilla, la miel y el comino unos 10 minutos, dándole vueltas.

2 Pase el pollo a un cuenco, deje que se enfríe y a continuación añada el cilantro.

3 Cueza los dados de patata en agua hirviendo 10 minutos, hasta que estén tiernos. Escúrralos y deje que se enfríen.

VARIACIÓN

Para obtener un sabor un poco más intenso, puede utilizar carne magra de pavo en lugar de pollo. Escoja la parte blanca, tanto por su aspecto como por su sabor.

---

4 Escalde las judías verdes en agua hirviendo durante 3 minutos, escúrralas y deje que se enfríen. Mézclelas con las patatas en un cuenco grande.

5 Incorpore las tiras de pimiento y los dados de tomate a la mezcla de patatas y judías, y después el pollo.

6 Mezcle los ingredientes del aliño en un bol pequeño y, justo antes de servir, viértalo sobre la ensalada, agitándola un poco. Dispóngala en una ensaladera y sírvala de inmediato.

ensalada indonesia con pollo

para 4 personas

1¹/₄ kg de patatas mantecosas
    grandes
300 g de piña fresca en dados
2 zanahorias ralladas
175 g de brotes de soja
1 manojo de cebolletas cortadas
    en rodajas
1 calabacín grande en juliana fina
3 tallos de apio cortados en juliana
    fina
175 g de cacahuetes sin sal
2 filetes de pechuga de pollo ya
    cocidos, de unos 125 g cada uno,
    cortados en lonchas finas
ALIÑO:
6 cucharadas de crema de
    cacahuete
6 cucharadas de aceite de oliva
2 cucharadas de salsa de soja clara
1 guindilla roja fresca picada
2 cucharaditas de aceite de sésamo
4 cucharaditas de zumo de lima

1 Con un cuchillo afilado, corte las patatas en dados pequeños. En una cazuela, lleve agua a ebullición.

2 Cueza los dados de patata durante 10 minutos o hasta que estén tiernos.

3 Escurra las patatas y deje que se enfríen. Cuando estén frías, póngalas en una ensaladera.

4 Incorpore en la ensaladera la piña, la zanahoria, la soja, la cebolleta, el calabacín, el apio, los cacahuetes y las lonchas de pollo. Mezcle bien todos los ingredientes.

5 Para preparar el aliño, ponga la crema de cacahuete en un cuenco pequeño y vaya añadiendo el aceite de oliva y la salsa de soja, mezclándolo todo con un tenedor o bien con un batidor de varillas.

6 Añada la guindilla, el aceite de sésamo y el zumo de lima, y remueva para mezclarlo bien.

7 Vierta el aliño sobre la ensalada y agítela un poco para que se impregnen bien todos los ingredientes. Sírvala de inmediato.

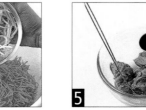

4

5

6

ensalada de patata y salchichón

para 4 personas

450 g de patatas mantecosas

1 achicoria o 1 lechuga *lollo rosso*

1 pimiento verde cortado en rodajas

175 g de salchichón en rodajas

1 cebolla roja cortada en rodajas

125 g de tomates secados al sol en aceite, cortados en rodajas

2 cucharadas de albahaca fresca cortada en tiras finas

ALIÑO:

1 cucharada de vinagre balsámico

1 cucharadita de pasta de tomate

2 cucharadas de aceite de oliva

sal y pimienta

1 Cueza las patatas en agua hirviendo durante 20 minutos o hasta que estén tiernas. Escúrralas y deje que se enfríen.

2 Lave la achicoria o la lechuga y séquela con papel de cocina. Recubra el fondo de una ensaladera con las hojas.

3 Cuando las patatas estén frías, córtelas en rodajas y colóquelas en capas sobre las hojas de lechuga, junto con el pimiento verde, el salchichón, la cebolla, el tomate y la albahaca.

4 En un cuenco pequeño, mezcle bien el vinagre balsámico con la pasta de tomate y el aceite de oliva, y salpimente al gusto. Vierta el aliño sobre la ensalada y sírvala inmediatamente.

VARIACIÓN

Utilice cualquier tipo de salchichón o salami.

ensalada con ruqueta

para 4 personas

2 patatas grandes, sin pelar,
   cortadas en rodajas
2 manzanas verdes cortadas
   en dados
1 cucharadita de zumo de limón
25 g de nueces troceadas
125 g de queso de cabra, en dados
150 g de hojas de ruqueta
sal y pimienta
ALIÑO:
2 cucharadas de aceite de oliva
1 cucharada de vinagre de vino tinto
1 cucharadita de miel
1 cucharadita de semillas de hinojo

SUGERENCIA

Sirva la ensalada
enseguida para evitar
que la manzana se
ennegrezca. También
puede preparar antes el
resto de los ingredientes e
incorporar la manzana en
el último momento.

1 Cueza las patatas en agua hirviendo durante 15 minutos, hasta que estén tiernas. Escúrralas y deje que se enfríen. Cuando estén frías, póngalas en una ensaladera.

2 Moje los dados de manzana con el zumo de limón y mézclelos con las patatas.

3 Añada las nueces troceadas, los dados de queso y las hojas de ruqueta, y mézclelo todo bien.

4 En un cuenco pequeño, bata los ingredientes del aliño y viértalo por encima de la ensalada. Salpimente al gusto y sírvala inmediatamente.

rodajas de boniato picantes

para 4 personas

450 g de boniatos

2 cucharadas de aceite de girasol

1 cucharada de salsa de guindilla

sal y pimienta

SUGERENCIA

Prepare fácilmente una salsa picante mezclando 150 ml de yogur griego con $^1/_2$ cucharadita de azúcar, $^1/_2$ cucharadita de mostaza de Dijon y sal y pimienta al gusto. Resérvela en el frigorífico hasta que la necesite.

1 Sancoche los boniatos sin pelar en una cazuela con agua hirviendo durante 10 minutos. Escúrralos y póngalos sobre una tabla de cortar. Deje que se enfríen un poco.

2 Pele los boniatos y córtelos en rodajas gruesas.

3 En un bol pequeño, mezcle el aceite de girasol con la salsa de guindilla y salpimente al gusto.

4 Unte con esta mezcla picante una de las caras de las rodajas de boniato. Dispóngalas, con esa cara hacia abajo, en la parrilla de la barbacoa y áselas durante 5-6 minutos.

5 Unte la parte superior de las rodajas con la salsa, déles la vuelta y áselas 5 minutos más, o hasta que estén crujientes y doradas.

6 Sirva las rodajas de boniato de inmediato, en una fuente caliente.

kibbeh de patata

para 4 personas

175 g de *bulgur* (sémola de trigo
   troceada)
350 g de patatas harinosas en dados
2 huevos pequeños
25 g de mantequilla derretida
1 pizca de cada de comino y cilantro
   molidos y nuez moscada rallada
sal y pimienta
aceite para freír
perejil, para decorar
RELLENO:
175 g de carne de cordero picada
1 cebolla pequeña, picada
1 cucharada de piñones
25 g de orejones de albaricoque,
   picados
1 pizca de nuez moscada molida
1 pizca de canela molida
1 cucharada de cilantro fresco picado
2 cucharadas de caldo de cordero

1 Ponga el *bulgur* en un cuenco
y cúbralo con agua hirviendo.
Déjelo 30 minutos en remojo, hasta
que haya absorbido el agua y se haya
hinchado.

2 Mientras tanto, cueza los dados
de patata en agua hirviendo
durante 10 minutos o hasta que estén
bien tiernos. Escúrralos y haga un
puré fino.

3 Incorpore el *bulgur* al puré de
patata, junto con los huevos, la
mantequilla fundida, el comino, el
cilantro y la nuez moscada. Mezcle bien
y sazone bien con sal y pimienta.

4 Para el relleno, saltee sin aceite la
carne picada 5 minutos, incorpore
la cebolla y saltee otros 2-3 minutos.

Añada el resto de los ingredientes del
relleno y cuézalo 5 minutos más o
hasta que el caldo se evapore. Deje
enfriar ligeramente la mezcla y a
continuación divídala en 8 porciones.
Haga una bolita con cada una de ellas.

5 Divida también la masa de
patata en 8 porciones y forme
redondeles planos. Deposite una
porción de relleno en el centro de cada
uno. Envuelva el relleno con la masa
y séllela bien.

6 En una cazuela grande o freidora,
caliente aceite a 180-190 °C o
hasta que un dado de pan se dore en
30 segundos, y fría las croquetas
durante 5-7 minutos, hasta que estén
doradas. Escúrralas bien y sírvalas
inmediatamente.

triángulos de patata y espinacas

para 4 personas

2 cucharadas de mantequilla
   derretida, y un poco más para
   engrasar
225 g de patatas mantecosas
   cortadas en dados pequeños
500 g de espinacas tiernas
1 tomate, despepitado y picado
$^1/_4$ de cucharadita de guindilla molida
$^1/_2$ cucharadita de zumo de limón
1 paquete de 225 g de pasta filo,
   (a temperatura ambiente si utiliza
   pasta congelada)
sal y pimienta
MAYONESA:
150 ml de mayonesa
2 cucharaditas de zumo de limón
la ralladura de 1 limón

SUGERENCIA

Para rallar la cáscara, compre
limones biológicos.

1 Engrase ligeramente una bandeja para el horno con un poco de mantequilla.

2 Cueza las patatas en agua salada hirviendo durante 10 minutos o hasta que estén tiernas. Escúrralas bien y póngalas en un cuenco grande.

3 Mientras tanto, ponga las espinacas en una cazuela con 2 cucharadas de agua, tápela y cuézalas a fuego suave 2 minutos, hasta que se ablanden. Escurra bien las espinacas, apretando bien con el dorso de una cuchara contra el colador, y mézclelas con las patatas.

4 Agregue el tomate picado, la guindilla en polvo y el zumo de limón. Salpimente al gusto.

5 Engrase ligeramente 8 láminas de pasta filo. Extienda 4 de ellas y

coloque las otras 4 encima. Córtelas en rectángulos de 20 x 10 cm.

6 Con una cuchara, coloque la masa de patata y espinacas en un extremo de cada rectángulo. Doble una esquina de pasta por encima del relleno, doble la punta triangular que queda por encima de la lámina de pasta y después por encima del trozo restante, hasta formar una bolsa triangular.

7 Coloque los triángulos en la bandeja del horno y áselos en el horno precalentado a 190 °C unos 20 minutos o hasta que se doren.

8 Para la salsa, mezcle la mayonesa con el zumo y la ralladura de limón en un cuenco pequeño. Sirva los triángulos de pasta filo fríos o calientes, acompañados con la mayonesa y con una ensalada verde.

5

6

6

empanadillas al curry

para 4 personas

225 g de harina integral

100 g de margarina cortada
en trocitos

4 cucharadas de agua

2 cucharadas de aceite vegetal

225 g en total de dados de patata,
zanahoria y nabo

1 cebolla pequeña picada

2 dientes de ajo picados

$^1/_2$ cucharadita de curry en polvo

$^1/_2$ cucharadita de cúrcuma molida

$^1/_2$ cucharadita de comino molido

$^1/_2$ cucharadita de mostaza de grano
entero

5 cucharadas de caldo de verduras

leche de soja para glasear

1 Ponga la harina en un cuenco
e incorpórele la margarina
trabajando con la punta de los dedos
hasta obtener una consistencia de miga
de pan desmenuzada. Añada el agua y
amase hasta que la pasta esté suave.
Envuélvala con un paño y déjela en la
nevera durante 30 minutos.

2 Caliente el aceite en una cazuela
grande y sofría los dados de
patata, zanahoria y nabo, la cebolla
y el ajo durante 2 minutos, removiendo
de vez en cuando. Agregue las especias
y la mostaza. Sofríalo todo 1 minuto
más, removiendo constantemente.

3 Añada el caldo, llévelo a
ebullición, tape la cazuela y
cuézalo a fuego lento durante unos
20 minutos, hasta que todo el líquido
haya sido absorbido. Déjelo enfriar.

4 Divida la pasta en cuatro
porciones. Extiéndalas con el
rodillo para formar redondeles de
15 cm de diámetro. Distribuya el
relleno sobre una de las mitades
de cada redondel.

5 Unte los bordes de cada redondel
con leche de soja y dóblelos por
la mitad; séllelos bien. Ponga en una
bandeja para horno las empanadillas
y cuézalas en el horno precalentado
a 200 °C durante 25-30 minutos.

samosas de verduras

para 12 unidades

RELLENO

2 cucharadas de aceite vegetal

1 cebolla picada

$^1/_2$ cucharadita de cilantro molido

$^1/_2$ cucharadita de comino molido

1 pizca de cúrcuma molida

$^1/_2$ cucharadita de jengibre molido

$^1/_2$ cucharadita de *garam masala*

1 diente de ajo chafado

225 g de patatas cortadas en dados

100 g de guisantes congelados

150 g de espinacas picadas

gajos de limón para decorar

PASTA

350 g (12 hojas) de pasta filo

aceite para freír

1 Para el relleno, caliente el aceite y saltee la cebolla 1-2 minutos, hasta que se ablande, removiéndola varias veces. Incorpore todas las especias y el ajo, y saltee 1 minuto más.

2 Añada las patatas y rehóguelas a fuego lento durante 5 minutos, hasta que empiecen a ablandarse.

3 Incorpore los guisantes descongelados y las espinacas, y rehóguelo 3-4 minutos más.

4 Extienda las hojas de pasta filo sobre la superficie de trabajo y dóblelas por la mitad a lo largo.

5 Ponga 2 cucharadas del relleno en un extremo de cada hoja de pasta. Doble hacia arriba una esquina para formar un triángulo. Continúe plegando de este modo la tira de pasta para formar un paquete triangular. Selle los bordes con agua.

6 Repita con el resto de la pasta y del relleno.

7 En una freidora o cazuela, caliente el aceite a 180-190 ºC o hasta que un dado de pan se dore en 30 segundos. Fría las *samosas*, en tandas, 1-2 minutos, hasta que se doren. Deje que se escurran sobre papel absorbente y manténgalas calientes mientras fríe el resto. Sírvalas.

champiñones rellenos cremosos

para 4 personas

25 g de hongos calabaza
deshidratados
225 g de patatas harinosas cortadas
en dados
25 g de mantequilla derretida
4 cucharadas de nata líquida espesa
2 cucharadas de cebollino picado
8 champiñones grandes
25 g de queso emmental rallado
150 ml de caldo de verduras
sal y pimienta
cebollino fresco, para adornar

VARIACIÓN

Si lo prefiere, utilice setas frescas
en lugar de hongos secos, y si
desea un toque crujiente
incorpore una mezcla de frutos
secos picados en el relleno.

1 Ponga los hongos secos en un cuenco, cúbralos con agua hirviendo y déjelos en remojo durante 20 minutos.

2 Mientras tanto, hierva las patatas en agua salada durante 10 minutos, hasta que estén cocidas. Escúrralas bien y tritúrelas hasta obtener un puré liso.

3 Escurra las setas remojadas y píquelas bien finas. Mézclelas con el puré.

4 A continuación, mezcle la mantequilla con la nata líquida y el cebollino, y viértalo luego sobre el puré de patata con setas. Salpimente al gusto.

5 Retire el pie de los champiñones. Pique los pies e incorpórelos a la masa de patata. Rellene los sombreros con cucharadas de puré y esparza el queso por encima.

6 Coloque los champiñones rellenos en una bandeja para el horno y vierta en el fondo el caldo de verduras.

7 Cubra la bandeja y ase los champiñones en el horno precalentado a 220 °C durante 20 minutos. Retire la tapa y hornéelos 5 minutos más, hasta que se doren por la parte superior. Adórnelos con cebollino y sírvalos bien calientes.

parathas rellenas de verduras

para 6 personas

PASTA

225 g de harina integral, y un poco
    más para espolvorear

½ cucharadita de sal

200 ml de agua

unas 4 cucharadas de *ghee* vegetal

RELLENO

675 g de patatas

½ cucharadita de cúrcuma molida

1 cucharadita de *garam masala*

1 cucharadita de jengibre fresco
    picado

1 cucharada de hojas de cilantro
    fresco picadas

3 guindillas verdes frescas, sin
    semillas y picadas

1 cucharadita de sal

1 Mezcle en un cuenco la harina, la
sal, el agua y 1¼ cucharadas del
ghee vegetal, para formar una pasta.

2 Divida la pasta en 6 partes iguales.
Con el rodillo, extiéndalas sobre
una superficie enharinada. Unte el
centro de cada porción con media
cucharadita del *ghee* restante. Dóblelas
por la mitad, estírelas en forma de
cordón, aplánelas con la palma de la
mano y enróllelas a un dedo para
formar una espiral. Aplánelas de nuevo
con el rodillo para formar redondeles
de unos 18 cm de diámetro; espolvoree
con harina si lo necesita.

3 Para preparar el relleno, cueza las
patatas en agua hirviendo hasta
que estén lo bastante tiernas para
hacer un puré.

4 En un bol pequeño, mezcle la
cúrcuma, la *garam masala*, el
jengibre, las hojas de cilantro, la
guindilla y la sal.

5 Incorpore la mezcla de especias
al puré de patata y remuévalo
bien. Extienda cucharadas de puré
sobre cada porción de pasta y únalas
de dos en dos. Oprima bien los bordes
para sellarlos.

6 Caliente 2 cucharaditas de *ghee*
en una sartén de base gruesa. Fría
las *parathas* en la sartén, de una en
una, haciéndolas girar; déles la vuelta
con una espumadera. Sáquelas de la
sartén cuando estén doradas. Añada
ghee o aceite cuando sea necesario.

7 Sirva las *parathas* recién hechas,
lo más rápidamente posible.

SUGERENCIA

El *ghee*, mantequilla clarificada,
fue durante mucho tiempo la
grasa más utilizada para cocinar
en la India y Pakistán. Hoy día se
usa más la versión vegetal.

paté de pescado ahumado

para 4 personas

650 g de patatas harinosas cortadas
en dados

300 g de caballa ahumada, sin piel
y desmenuzada

75 g de grosellas silvestres cocidas

2 cucharaditas de zumo de limón

2 cucharadas de nata fresca espesa

1 cucharada de alcaparras

1 pepinillo picado

1 cucharada de eneldo encurtido
picado

1 cucharada de eneldo fresco picado

sal y pimienta

gajos de limón, para decorar

1 Cueza los dados de patata
en agua hirviendo 10 minutos,
hasta que estén tiernos, y después
escúrralos bien.

2 Coloque las patatas en una
batidora o picadora.

3 Incorpore el pescado y bata
durante 30 segundos o hasta
obtener un puré bastante fino. También
puede chafarlo todo con un tenedor.

4 Añada las grosellas, el zumo
de limón y la nata. Bata otros
10 segundos o chafe con el tenedor.

5 Incorpore las alcaparras, el
pepinillo, el eneldo encurtido
y el eneldo fresco. Salpimente.

6 Disponga el paté de pescado
en una fuente, adórnelo con los
gajos de limón y sírvalo con tostadas o
pan crujiente caliente cortado en trozos
o rebanadas para acompañar.

pizza de patata y pepperoni

para 4 personas

1 cucharada de mantequilla, y un poco más para engrasar el molde

harina de trigo, para espolvorear

900 g de patatas harinosas en dados

1 cucharada de mantequilla

2 dientes de ajo chafados

2 cucharadas de hierbas frescas picadas

1 huevo batido

6 cucharadas de *passata*

2 cucharadas de pasta de tomate

50 g de *pepperoni* o chorizo, en rodajas

1 pimiento verde cortado en tiras

1 pimiento amarillo cortado en tiras

2 champiñones grandes laminados

25 g de aceitunas negras sin hueso, en cuartos

125 g de mozzarella en lonchas

1 Engrase y enharine un molde para pizza de 23 cm de diámetro. Hierva las patatas 10 minutos o hasta que estén tiernas. Escúrralas y haga un puré. Páselo a un cuenco y añada la mantequilla, el ajo, las hierbas y el huevo.

2 Extienda la pasta en el molde. Cuézala en el horno precalentado a 220 °C durante 7-10 minutos, hasta que empiece a cuajar.

3 Mezcle la *passata* (preparación italiana de tomate triturado) y la pasta de tomate, y extiéndalo sobre la base de la pizza, dejando libre un reborde de 1 cm.

4 Disponga el *pepperoni*, los pimientos, los champiñones y las aceitunas sobre la capa de tomate.

5 Esparza la mozzarella por encima y hornee la pizza unos 20 minutos o hasta que la base esté bien cocida y el queso, fundido. Sírvala caliente.

calzone de patata y tomate

para 4 personas

MASA:

450 g de harina blanca para pan

1 cucharadita de levadura seca

300 ml de caldo de verduras

1 cucharada de miel

1 cucharadita de semillas de
    alcaravea

aceite vegetal, para engrasar

leche, para el glaseado

RELLENO:

1 cucharada de aceite vegetal

225 g de patatas mantecosas
    cortadas en dados

1 cebolla cortada en rodajas

2 dientes de ajo chafados

40 g de tomates secados al sol

2 cucharadas de albahaca fresca
    picada

2 cucharadas de pasta de tomate

2 tallos de apio cortados en rodajas

50 g de mozzarella rallada

SUGERENCIA
La mozzarella elaborada
con leche de búfala
es la que tiene
mejor sabor.

1 Para preparar la masa, tamice la harina en un cuenco grande y añada la levadura. Haga un hoyo en el centro. Vierta el caldo, y añada la miel y las semillas de alcaravea; mézclelo bien hasta formar una pasta.

2 Pase la masa a una superficie ligeramente enharinada y trabájela durante 8 minutos, hasta que esté suave. Colóquela en un bol engrasado, cúbrala y deje que leude en un lugar cálido durante 1 hora o hasta que haya doblado su tamaño.

3 Mientras tanto, prepare el relleno. Caliente el aceite en una sartén y rehogue todos los ingredientes, excepto el queso, unos 5 minutos; no deje de remover.

4 Divida la masa en 4 porciones. Extiéndalas con el rodillo sobre una superficie enharinada hasta formar otras tantas tortas de 18 cm de diámetro. Reparta el relleno entre los cuatro trozos. Esparza el queso sobre el relleno. Pinte el reborde de la masa con leche y dóblela por encima del relleno, presionando los bordes para sellarlos.

5 Coloque los *calzone* sobre una bandeja para el horno antiadherente y píntelos con leche. Cuézalos durante 30 minutos en el horno precalentado a 220 ºC, o hasta que se hinchen y se doren.

revoltillo

para 4 personas

25 g de sal marina

750 g de filetes de bacalao fresco

4 huevos

3 cucharadas de aceite de oliva
   y un poco más para rociar

8 lonchas de beicon magro, sin
   corteza y picadas

700 g de patatas viejas cortadas
   en dados

8 dientes de ajo

8 rebanadas gruesas de pan blanco
   de buena calidad

2 tomates pera, pelados y picados

2 cucharaditas de vinagre de vino
   tinto

2 cucharadas de perejil picado,
   y un poco más para adornar

sal y pimienta

gajos de limón para adornar

1 Espolvoree el pescado con sal marina por los dos lados. Póngalo en una fuente llana, cúbralo con plástico de cocina y déjelo en la nevera 48 horas. Cuando vaya a prepararlo, saque el bacalao y aclárelo bien con agua fría. Póngalo en una fuente llana, cúbralo con agua fría y déjelo en remojo 2 horas; escúrralo bien.

2 Ponga a hervir agua en una cazuela y sumerja el pescado. Aparte la cazuela del fuego y deje que el bacalao se escalde unos 10 minutos.

3 Saque el pescado del agua, escúrralo sobre papel de cocina, desmenúcelo y resérvelo. Tire el agua.

4 Ponga un cazo con agua al fuego. Cuando hierva, cueza los huevos durante 7-9 minutos desde el momento en que el agua vuelva a hervir: 7 para que la yema quede un poco blanda, 9 para que quede firme. Saque los huevos del cazo y sumérjalos en agua fría. Pélelos, trocéelos y resérvelos.

5 Caliente el aceite en una sartén y fría el beicon a fuego medio durante 4-5 minutos, hasta que esté crujiente. Deje que escurra sobre papel de cocina. En la sartén, rehogue las patatas y el ajo 8-10 minutos, o hasta que estén crujientes y de un bonito color dorado. Mientras tanto, tueste el pan por ambos lados. Rocíelo con aceite de oliva y resérvelo.

6 Incorpore en la sartén el tomate, el beicon, el bacalao, el vinagre y el huevo. Rehóguelo todo 2 minutos. Incorpore el perejil y sazone. Ponga dos tostadas en cada plato, cúbralas con revoltillo, y decórelas con perejil y limón.

revoltillo con champiñones

para 4 personas

675 g de patatas cortadas en dados

1 cucharada de aceite de oliva

2 dientes de ajo chafados

1 pimiento verde en daditos

1 pimiento amarillo en daditos

3 tomates cortados en daditos

75 g de champiñones pequeños
    cortados por la mitad

1 cucharada de salsa Worcestershire

2 cucharadas de albahaca fresca
    picada

sal y pimienta

hojas de albahaca fresca para
    adornar

pan crujiente caliente para
    acompañar

SUGERENCIA

Muchas veces, la salsa
Worcestershire contiene anchoas.
Por lo tanto, los vegetarianos
deberán leer la etiqueta para
asegurarse de que no lleve.

1 Cueza los dados de patata en agua hirviendo ligeramente salada durante 7-8 minutos. Escúrralos y resérvelos.

2 Caliente el aceite de oliva en una sartén de base gruesa y rehogue la patata durante 8-10 minutos, hasta que esté dorada, removiéndola casi constantemente.

3 Añada el ajo y los pimientos, y rehóguelo 2-3 minutos más, removiendo con frecuencia.

4 Incorpore el tomate y los champiñones, y rehóguelo 5-6 minutos, sin dejar de remover.

5 Agregue la salsa Worcestershire y la albahaca, y salpimente al gusto. Sirva el revoltillo en una fuente, decorado con ramitas de albahaca, y pan caliente crujiente para acompañar.

tortitas de verduras con salsa de tomate

para 4 personas

450 g de patatas mantecosas

1 zanahoria cortada en dados

1 tallo de apio cortado en dados

50 g de champiñones en dados

1 cebolla cortada en dados

2 dientes de ajo chafados

25 g de guisantes congelados,
     a temperatura ambiente

50 g de queso parmesano rallado

4 cucharadas de aceite vegetal

25 g de mantequilla

sal y pimienta

SALSA:

300 ml de *passata*

2 cucharadas de cilantro picado

1 cucharada de salsa Worcestershire

¹/₂ cucharadita de guindilla molida

2 cucharaditas de azúcar moreno

2 cucharaditas de mostaza americana

85 ml de caldo de verduras

1 Cueza las patatas en agua ligeramente salada hirviendo durante 10 minutos. Escúrralas y deje que se enfríen. Mientras tanto, cueza la zanahoria en agua hirviendo durante 5 minutos.

2 Cuando estén lo bastante frías para manipularlas, ralle las patatas con un rallador grueso.

3 Escurra la zanahoria y póngala en un bol con la patata, el apio, los champiñones, la cebolla, el ajo, los guisantes y el queso. Salpimente al gusto.

4 En una cazuela, lleve los ingredientes de la salsa a ebullición. Reduzca la temperatura y cuézala a fuego lento 15 minutos.

5 Divida la masa de patata en 8 porciones iguales y, con las manos, déles forma de torta rectangular.

6 Caliente el aceite y la mantequilla en una sartén y fría los rectángulos de patata a fuego suave durante 4-5 minutos, hasta que estén dorados y crujientes.

7 Disponga las tortitas en una fuente y sírvalas de inmediato, con la salsa de tomate.

VARIACIÓN

Para que la salsa de tomate resulte más picante, en el paso 4 añada a los demás ingredientes 1 guindilla verde fresca picada.

pastelitos de patata y coliflor

6

7

para 4 personas

225 g de patatas harinosas cortadas
    en dados
225 g de ramitos de coliflor
35 g de parmesano rallado
1 huevo
1 clara de huevo para rebozar
aceite para freír
pimentón para espolvorear
    (opcional)
sal y pimienta
lonchas de beicon crujientes,
    picadas, para adornar

1 Cueza las patatas en agua
hirviendo durante 10 minutos, o
hasta que estén tiernas. Escúrralas bien
y haga un puré fino.

2 Mientras tanto, cueza los ramitos
de coliflor en otra cazuela con
agua hirviendo durante 10 minutos.

3 Escurra la coliflor y mézclela con el
puré de patata. Incorpore el queso
parmesano y salpimente bien.

4 Separe la yema del huevo de la
clara e incorpore la yema a la
masa de patata y coliflor; mezcle bien.

5 Bata ligeramente las dos claras en
un cuenco limpio. Divida la masa
en 8 porciones iguales y forme tortitas
redondas. Con cuidado, reboce cada
porción de masa de patata y coliflor
con clara de huevo.

6 Caliente el aceite en una sartén
y fría los pastelitos 3-5 minutos,
dándoles la vuelta para que se doren
por ambos lados.

7 Espolvoree los pastelitos fritos con
pimentón, si lo desea, y sírvalos
de inmediato aderezados con trocitos
de beicon crujiente.

patatas rebozadas con salsa de ajo

para 4 personas

450 g de patatas mantecosas
    cortadas en dados grandes
125 g de queso parmesano rallado
aceite para freír
SALSA:
25 g de mantequilla
1 cebolla cortada por la mitad
    y después, en rodajas
2 dientes de ajo chafados
2$\frac{1}{2}$ cucharadas de harina
300 ml de leche
1 cucharada de perejil fresco picado
REBOZADO:
50 g de harina
1 huevo pequeño
150 ml de leche

1 Para preparar la salsa, derrita la mantequilla en una cazuela y rehogue la cebolla y el ajo a fuego suave durante 2-3 minutos, removiendo de vez en cuando. Incorpore la harina y déjelo al fuego 1 minuto más.

2 Retire la cazuela del fuego y agregue la leche y el perejil. Lleve la salsa a ebullición, removiendo, retírela del fuego y consérvela caliente.

3 Mientras tanto, hierva las patatas en agua 5-10 minutos, o hasta que estén cocidas, pero firmes. No las cueza en exceso, pues se romperían.

4 Escurra las patatas y rebócelas con el parmesano. Si lo hace mientras aún están un poco húmedas, el queso se adherirá mejor.

5 Para preparar el rebozado, ponga la harina en un cuenco y poco a poco añada, batiendo, el huevo y la leche. Sumerja los trozos de patata en la pasta para rebozarlos.

6 En una cazuela grande o freidora, caliente el aceite a 180-190 ºC o hasta que un dado de pan se dore en

30 segundos, y fría las patatas durante 3-4 minutos o hasta que estén bien doradas.

7 Retire las patatas con una espumadera y deje que escurran bien. Sírvalas en un cuenco, con la salsa de ajo.

85

croquetas con jamón y queso

para 4 personas

450 g de patatas harinosas en dados

300 ml de leche

2 cucharadas de mantequilla

4 cebolletas picadas

75 g de queso cheddar rallado

50 g de jamón en dulce ahumado, picado

1 tallo de apio cortado en dados

1 huevo batido

5 cucharadas de harina

aceite vegetal para freír

sal y pimienta

REBOZADO:

2 huevos batidos

125 g de pan rallado integral

SALSA:

2 cucharadas de mantequilla

2 cucharadas de harina

150 ml de leche

150 ml de caldo de verduras

75 g de queso cheddar rallado

1 cucharadita de mostaza de Dijon

1 cucharada de cilantro picado

PARA DECORAR:

gajos de tomate y pepino

1 Ponga las patatas en una cazuela con la leche y llévelas a ebullición. Baje el fuego y cuézalas hasta que todo el líquido haya sido absorbido, y las patatas estén cocidas.

2 Añada la mantequilla y haga un puré. Incorpore la cebolleta, el queso, el jamón, el apio, el huevo y la harina. Sazone y deje que se enfríe.

3 Para el rebozado, bata los huevos en un bol. Ponga el pan rallado en un cuenco aparte.

4 Forme con la masa 8 croquetas redondas. Páselas por el huevo y después rebócelas con el pan rallado.

5 Para preparar la salsa, derrita la mantequilla en un cazo. Añada la harina y fríala 1 minuto. Retire el cazo del fuego y añada la leche, el caldo, el queso, la mostaza y el cilantro. Hiérvalo, removiendo, hasta que se espese. Baje el fuego y mantenga la salsa caliente.

6 En una freidora, caliente abundante aceite a 180-190 ºC o hasta que un dado de pan se dore en 30 segundos. Fría las croquetas 5 minutos, hasta que estén doradas. Escúrralas y sírvalas con la salsa.

VARIACIÓN

Utilice pollo ahumado cocido en lugar de jamón, y queso fontina en vez de cheddar.

pakoras

6 cucharadas de harina de garbanzo

1/2 cucharadita de sal

1 cucharadita de guindilla molida

1 cucharadita de levadura en polvo

1 1/2 cucharaditas de comino blanco

1 cucharadita de semillas de granada

300 ml de agua

1 cucharada de cilantro picado, más
    unas ramitas para decorar

verduras de su elección, por ejemplo:

    ramitos pequeños de coliflor

    aros de cebolla

    rodajas de patata

    rodajas de berenjena

    tiras de pimiento

aceite vegetal para freír

1 Tamice la harina de garbanzo en un cuenco. Añada la sal, la guindilla, la levadura y las semillas de comino y de granada; mézclelo todo bien. Incorpore el agua y bata la mezcla para obtener una pasta de rebozar fina.

2 Agregue el cilantro y mézclelo bien. Reserve la pasta.

3 Caliente el aceite a 180 °C en una freidora. Sumerja las verduras en la pasta, en tandas, y deje escurrir cualquier posible exceso de rebozado.

SUGERENCIA

Al freír en una freidora con abundante aceite, es importante que esté a la temperatura adecuada. Si está demasiado caliente, el exterior del alimento se quemará antes de que esté hecho, así como las especias. Si está demasiado frío, el alimento se empapará de aceite.

4 Cuando el aceite esté a la temperatura adecuada, fría las verduras rebozadas en tandas, dándoles la vuelta una vez. Prosiga hasta haber utilizado toda la pasta.

5 Disponga las verduras rebozadas sobre papel de cocina para que absorba todo el exceso de grasa. Sírvalas en una fuente decoradas con ramitas de cilantro.

tortitas de pollo y hierbas

para 4 personas

500 g de patatas hervidas chafadas
con mantequilla

225 g de pollo cocido o asado, sin
piel ni huesos y picado

115 g de jamón en dulce picado

1 cucharada de una mezcla de
hierbas frescas

2 huevos ligeramente batidos

leche

pan integral fresco rallado

aceite vegetal para freír

sal y pimienta

1 rama de perejil fresco para decorar

ensalada verde para acompañar

1 Mezcle en un cuenco el puré con
el pollo, el jamón, las hierbas y
1 huevo; salpimente bien.

2 A continuación, forme con esta
masa unas tortitas.

3 Bata el segundo huevo con un
poco de leche.

SUGERENCIA

Una mezcla de estragón
y de perejil fresco picados
hará más aromáticas
estas tortitas.

4 Ponga el pan rallado en un plato.
Sumerja las tortitas en la mezcla
de huevo y leche, y rebócelas con el
pan rallado, procurando que queden
bien recubiertas.

5 Caliente el aceite vegetal en una
sartén grande y fría las tortitas
hasta que adquieran un bonito color
dorado. Dispóngalas en una fuente,
adórnelas con una ramita de perejil
fresco y sírvalas inmediatamente,
acompañadas con una ensalada verde.

kebabs vegetales

para 12 unidades

600 g de patatas en rodajas

1 cebolla mediana en rodajas

$^1/_2$ coliflor mediana en ramitos

50 g de guisantes cocidos

1 cucharada de puré de espinacas

2-3 guindillas verdes frescas

1 cucharada de hojas de cilantro
frescas

1 cucharadita de jengibre picado
muy menudo

1 cucharadita de ajo chafado

1 cucharadita de cilantro molido

1 pizca de cúrcuma molida

1 cucharadita de sal

50 g de pan rallado

300 ml de aceite vegetal

tiras de guindilla fresca para decorar

1 Ponga la patata, la cebolla y la coliflor en una cazuela con agua. LLévela a ebullición. Reduzca la temperatura y cuézalo hasta que las patatas estén tiernas. Saque las verduras de la cazuela con una espumadera y escúrralas bien. Reserve.

2 Añada los guisantes y las espinacas a las verduras recién cocidas, y mézclelas, chafándolas con un tenedor.

3 Con un cuchillo afilado, pique muy menudas las guindillas y las hojas de cilantro.

4 Mezcle la guindilla verde y el cilantro fresco con el jengibre, el ajo, el cilantro y la cúrcuma molidos y la sal.

5 Incorpore la mezcla de especias a las verduras, chafando con un tenedor para obtener una pasta.

6 Esparza el pan rallado en una fuente grande.

7 Forme 10-12 bolas con la pasta. Aplánelas con la mano o con una espátula y déles forma redondeada.

8 Reboce bien los *kebab* con el pan rallado.

9 Caliente el aceite en una sartén de base gruesa y fría los *kebab* en tandas, dándoles la vuelta de vez en cuando, hasta que tengan un bonito color dorado. Páselos a una fuente y decórelos con tiras de guindilla fresca. Sírvalos calientes.

rostis de patata, queso y cebolla

para 4 personas

900 g de patatas
1 cebolla rallada
50 g de queso gruyer rallado
2 cucharadas de perejil picado
1 cucharada de aceite de oliva
25 g de mantequilla
sal y pimienta
PARA DECORAR:
cebolleta cortada en tiras finas
1 tomate pequeño en cuartos

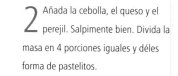

1 Sancoche las patatas en agua hirviendo durante 10 minutos y deje que se enfríen. Pélelas y rállelas con un rallador grueso. Coloque la patata rallada en un cuenco grande.

2 Añada la cebolla, el queso y el perejil. Salpimente bien. Divida la masa en 4 porciones iguales y déles forma de pastelitos.

3 Caliente la mitad del aceite de oliva y de la mantequilla en una sartén, y sofría 2 de los pastelitos a fuego vivo durante 1 minuto; después, baje la temperatura y tuéstelos otros 5 minutos más, hasta que estén dorados por debajo. Déles la vuelta y fríalos 5 minutos por el otro lado.

4 Para sofreír los 2 pastelitos que quedan, repita la operación con la otra mitad del aceite y la mantequilla. Coloque los rostis en los platos, adórnelos con la juliana de cebolleta y los tomates en cuartos, y sírvalos de inmediato.

SUGERENCIA

Debe aplanar bien
los pastelitos de patata
al sofreírlos, ya que así
se harán de manera
uniforme.

tortitas de boniato

para 4 personas

500 g de boniatos

2 dientes de ajo chafados

1 guindilla verde fresca, pequeña,
   sin semillas y picada

2 ramitas frescas de cilantro picadas

1 cucharada de salsa de soja

harina para rebozar

aceite vegetal para freír

semillas de sésamo

SALSA DE TOMATE Y SOJA

2 cucharaditas de aceite vegetal

1 diente de ajo picado

1 ½ cucharaditas de jengibre fresco
   picado muy menudo

3 tomates pelados y picados

2 cucharadas de salsa de soja oscura

1 cucharada de zumo de lima

2 cucharadas de cilantro picado

1 Para hacer la salsa de tomate
   y soja, caliente primero el aceite
en un wok y sofría el ajo y el jengibre,
aproximadamente durante 1 minuto.
A continuación, añada los tomates y
sofría unos 2 minutos más. Aparte
luego el wok del fuego e incorpore la
salsa de soja, el zumo de lima y el
cilantro picado. Reserve la salsa
caliente.

2 Pele los boniatos y rállelos finos
   (puede hacerlo con el rallador
del robot de cocina). Maje el ajo, la
guindilla y el cilantro, hasta obtener
una pasta. Incorpore la salsa de soja y
agregue esta mezcla al boniato rallado.

3 Divida la pasta en 12 porciones
   iguales. Páselas por harina,
aplánelas y déles forma redondeada.

4 Caliente una capa fina de aceite
   en una sartén grande. Fría las
tortitas, en tandas, a fuego vivo. Déles
una vez la vuelta y sáquelas cuando
estén doradas.

5 Escurra las tortitas sobre papel de
   cocina y esparza las semillas de
sésamo por encima. Páselas a una
fuente precalentada y sírvalas calientes,
con la salsa de tomate y soja.

93

ñoquis de patata y espinacas

para 4 personas

300 g de patatas harinosas en dados
175 g de espinacas
1 yema de huevo
1 cucharadita de aceite de oliva
125 g de harina
sal y pimienta
hojas de espinaca, para decorar
SALSA:
1 cucharada de aceite de oliva
2 chalotes picados
1 diente de ajo chafado
300 ml de *passata*
2 cucharaditas de azúcar moreno fino

VARIACIÓN

Si lo desea, puede sustituir
las espinacas por una mezcla
de hierbas frescas picadas
y queso.

1 Cueza las patatas en agua hirviendo durante 10 minutos o hasta que estén bien tiernas. Escúrralas y haga un puré.

2 Mientras tanto, escalde las espinacas con un poco de agua hirviendo durante 1-2 minutos. Escúrralas bien y córtelas en tiras.

3 Coloque el puré de patata sobre una tabla de cortar enharinada y forme un hoyo en el centro. Agregue la yema de huevo, el aceite de oliva, las espinacas y un poco de harina, y mézclelo con rapidez; salpimente y añada la harina gradualmente, hasta obtener una masa firme. Divídala en bolitas muy pequeñas.

4 Cueza los ñoquis en tandas en abundante agua hirviendo con sal durante 5 minutos o hasta que suban a la superficie.

5 Mientras tanto, prepare la salsa. Ponga el aceite, los chalotes, el ajo, la *passata* (preparación italiana de tomate triturado) y el azúcar en una cazuela, y déjelo a fuego suave durante 10-15 minutos o hasta que la salsa se espese. Salpimente.

6 Escurra los ñoquis con una espumadera y repártalos entre los platos calientes. Vierta la salsa por encima y adorne con hojas de espinaca.

pastel de verduras

para 4 personas

BASE:

2 cucharadas de aceite vegetal

1¼ kg de patatas mantecosas
   grandes, en rodajas finas

RELLENO:

1 cucharada de aceite vegetal

1 puerro picado

1 calabacín rallado

1 pimiento rojo cortado en dados

1 pimiento verde cortado en dados

1 zanahoria rallada

2 cucharaditas de perejil picado

225 g de queso fresco cremoso

25 g de queso de sabor fuerte, rallado

2 huevos batidos

sal y pimienta

juliana de puerro rehogada, para
   adornar

ensalada, para servir

1 Engrase un molde desmontable
de 20 cm de diámetro.

2 Para la base, caliente el aceite en
una sartén y fría las rodajas de
patata en tandas a fuego moderado
hasta que estén tiernas y doradas.
Escúrralas bien sobre papel de cocina
y dispóngalas sobre la base del molde.

3 Para el relleno, caliente el
aceite vegetal en otra sartén
y fría el puerro picado a fuego suave
durante 3-4 minutos, hasta que
se ablande.

4 Añada el calabacín, los dados
de pimiento rojo y verde, la
zanahoria rallada y el perejil picado,
y sofríalo a fuego suave durante unos
5-7 minutos o hasta que las verduras
estén tiernas.

5 Mientras tanto, bata en un
cuenco los huevos junto con
los dos tipos de queso. Incorpore la
mezcla a las verduras y salpimente.
Extienda la preparación sobre la
base de patata.

6 Cueza el pastel en el horno
precalentado a 190 °C durante
20-25 minutos, o hasta que el huevo
haya cuajado.

7 Desmolde el pastel, adórnelo
con las tiras de puerro y sírvalo
acompañado con una ensalada verde.

tortilla con queso feta y espinacas

para 4 personas

75 g de mantequilla

1¼ kg de patatas mantecosas
cortadas en dados

3 dientes de ajo chafados

1 cucharadita de pimentón

2 tomates despepitados, pelados
y cortados en dados

12 huevos

pimienta

RELLENO:

225 g de espinacas tiernas

1 cucharadita de semillas de hinojo

125 g de queso feta cortado en
dados

4 cucharadas de yogur natural

1 Caliente 2 cucharadas de la
mantequilla en una sartén y
sofría las patatas a fuego suave entre
7 y 10 minutos, hasta que se doren,
sin dejar de remover. Páselas a un
cuenco.

2 En la sartén, rehogue el ajo, el
pimentón y el tomate durante
2 minutos.

3 Bata los huevos con pimienta
y mézclelos con las patatas.

4 Escalde las espinacas en agua
hirviendo 1 minuto. Escúrralas.
Páselas bajo el chorro de agua fría
y séquelas con papel de cocina.
Mézclelas con las semillas de hinojo,
el queso feta y el yogur.

5 Caliente 1 cucharada de
mantequilla en una sartén de
15 cm de diámetro. Vierta un cuarto de
la mezcla de huevo y patata, y cuézala
2 minutos, dándole la vuelta una vez,
hasta que el huevo cuaje.

6 Coloque la tortilla en una fuente.
Ponga ¼ de la preparación de
tomate y de la de espinacas sobre
una mitad de la tortilla y dóblela
por encima. Haga así las otras tres.

patatas asadas con salsa mexicana

para 4 personas

4 patatas para asar

1 aguacate grande y maduro

1 cucharadita de zumo de limón

175 g de tofu ahumado cortado
    en dados

2 dientes de ajo chafados

1 cebolla finamente picada

1 tomate finamente picado

125 g de hojas de ensalada variadas

ramitas de cilantro fresco, para
    adornar

SALSA MEXICANA:

2 tomates maduros, en dados

1 cucharada de cilantro picado

1 chalote cortado en daditos

1 guindilla verde cortada en daditos

1 cucharada de zumo de limón

sal y pimienta

1 Lave las patatas y pinche la piel con un tenedor. Frótelas con un poco de sal y colóquelas sobre una bandeja de hornear.

2 Áselas en el horno precalentado a 190 °C durante 1 hora o hasta que estén tiernas y la piel, crujiente.

3 Corte las patatas por la mitad a lo largo, extraiga la pulpa, dejando una fina capa adherida a la piel, y póngala en un cuenco.

4 Corte el aguacate por la mitad y retire el hueso. Con una cuchara, extraiga la pulpa y mézclala con la patata. Agregue el zumo de limón y cháfelo con un tenedor hasta obtener un puré suave. Incorpore el tofu, el ajo, la cebolla y el tomate. Con una cuchara, reparta la mezcla entre las cáscaras de piel de patata.

5 Disponga las hojas de ensalada sobre el relleno y coloque la otra mitad de la patata encima.

6 Para hacer la salsa, mezcle en un cuenco el tomate con el cilantro, el chalote, la guindilla, el zumo de limón, sal y pimienta. Decore las patatas con ramitas de cilantro fresco y sírvalas con la salsa mexicana.

SUGERENCIA

El color de los aguacates varía del marronáceo al verde; su piel puede ser lisa o rugosa, y pueden ser desde pequeños y redondos hasta grandes con forma de pera. Cualquiera que compre, debe estar maduro: oprima un poco el extremo correspondiente al tallo y compruebe que cede a la presión, sin estar blando. Consúmalo de inmediato.

barquitas de patata al pesto

para 4 personas

4 patatas para asar

150 ml de nata líquida espesa

5 cucharadas de caldo de verduras

1 cucharada de zumo de limón

2 dientes de ajo chafados

3 cucharadas de albahaca fresca

2 cucharadas de piñones

35 g de queso parmesano recién
    rallado

sal y pimienta

1 Lave las patatas y pinche la piel con un tenedor. Frótelas con un poco de sal y colóquelas sobre una bandeja de hornear.

2 Ase las patatas en el horno precalentado a 190 ºC, durante 1 hora o hasta que estén cocidas y la piel, crujiente.

3 Retire las patatas del horno y córtelas por la mitad a lo largo. Con una cuchara, extraiga la pulpa y póngala en un cuenco grande, dejando una fina capa adherida la piel. Con un tenedor, chafe la pulpa y haga un puré.

4 Mientras tanto, vierta la nata y el caldo en una cazuela, y hiérvalo a fuego suave 8-10 minutos o hasta que se haya reducido a la mitad.

5 Agregue el zumo de limón, el ajo y la albahaca picada, y salpimente. Mézclelo con el puré de patata y añada los piñones.

6 Con una cuchara, introduzca la pasta en las cáscaras de piel de patata y espolvoree con el queso. Hornee las patatas durante unos 10 minutos o hasta que el queso se dore. Sírvalas calientes.

patatas en su piel con alubias

para 6 personas

1,8 kg de patatas

4 cucharadas de *ghee* vegetal
  o aceite

1 cebolla grande picada

2 dientes de ajo chafados

1 cucharadita de cúrcuma molida

1 cucharada de semillas de comino

2 cucharadas de pasta de curry

350 g de tomates cereza cortados
  por la mitad

1 bote 400 g de cada de alubias
  pintas y rojas, escurridas y
  aclaradas

1 cucharada de zumo de limón

2 cucharadas de pasta de tomate

150 ml de agua

2 cucharadas de menta fresca
  picada (o de cilantro)

sal y pimienta

1 Limpie la piel de las patatas frotando bien, y pínchela con un tenedor. Áselas en el horno precalentado a 180 °C y durante 1-1½ horas, hasta que estén bien tiernas.

2 Unos 20 minutos antes del final de la cocción, prepare el relleno. Caliente el *ghee* o el aceite y rehogue la cebolla a fuego lento durante 5 minutos, removiendo de vez en cuando. Agregue el ajo, la cúrcuma, las semillas de comino y la pasta de curry, y rehóguelo 1 minuto más.

3 Incorpore los tomates, las alubias, el zumo de limón, la pasta de tomate, el agua y la menta o el cilantro. Salpimente, tape el recipiente y déjelo cocer todo a fuego lento, removiendo con frecuencia.

4 Cuando las patatas estén asadas, practique dos incisiones en cruz en cada una y chafe ligeramente la pulpa con un tenedor. Distribuya por encima la preparación de alubias y sirva inmediatamente las patatas en platos individuales calientes.

pastelitos de boniato y puerro

para 4 personas

INGREDIENTES

900 g de boniatos

4 cucharadas de aceite de girasol

2 puerros, limpios y picados

1 diente de ajo chafado

2 cucharadas de jengibre fresco
   picado muy fino

200 g de maíz tierno en conserva

2 cucharadas de queso fresco
   natural bajo en grasa

6 cucharadas de harina integral

sal y pimienta

SALSA DE JENGIBRE

2 cucharadas de vinagre de vino
   blanco

2 cucharaditas de azúcar

1 guindilla roja fresca, picada

1 trozo de 2,5 cm de jengibre fresco,
   cortado en tiras finas

2 cucharadas de vino de jengibre

4 cucharadas de caldo de verduras

1 cucharadita de fécula de maíz

hojas de lechuga y cebolleta cortada
   en tiras, para acompañar

1 Primero pele las patatas, córtelas
   en dados y a continuación
hiérvalas durante 10-15 minutos.
Deje que se enfríen.

2 Caliente 2 cucharaditas de aceite y
   sofría el puerro, el ajo y el jengibre
durante 2-3 minutos. Añada la patata,
el maíz escurrido, sal, pimienta y el
queso. Forme 8 pastelitos y páselos por
la harina. Déjelos reposar 30 minutos.
Póngalos sobre una rejilla y píntelos con
el resto del aceite. Cuézalos 5 minutos
en el horno, déles la vuelta, píntelos
con aceite y cuézalos 5 minutos más.

3 Para la salsa, cueza a fuego lento
   durante 5 minutos el vinagre con
el azúcar, la guindilla y el jengibre.
Añada el vino. Diluya la fécula de maíz
en el caldo e incorpórela, removiendo
hasta que se espese. Sirva los pastelitos
con la salsa, una ensalada y la cebolleta.

pastelitos de patata y setas

para 4 personas

500 g de patatas harinosas cortadas
    en dados

2 cucharadas de mantequilla

175 g de setas variadas, picadas

2 dientes de ajo chafados

1 huevo pequeño batido

1 cucharada de cebollino fresco
    picado, y un poco más para
    decorar

harina para rebozar

aceite para freír

sal y pimienta

ensalada, para servir

4 Incorpore las setas y el ajo a las patatas, junto con el huevo batido y el cebollino. Salpimente.

5 Divida la mezcla en 4 partes iguales y forme otros tantos pastelitos redondos. Páselos por harina hasta que queden bien rebozados y sacuda el exceso.

6 Caliente el aceite en una sartén y fría los pastelitos a fuego moderado durante 10 minutos, hasta que estén bien dorados, dándoles la vuelta a media cocción. Sírvalos de inmediato, acompañados con una sencilla ensalada verde.

1 Cueza las patatas en agua hirviendo durante 10 minutos, o hasta que estén tiernas.

2 Escúrralas bien, haga un puré y resérvelo.

3 Mientras tanto, derrita la mantequilla en una sartén y saltee las setas y el ajo 5 minutos, sin dejar de remover. Escúrralo bien.

rostis de gambas

para 4 personas

350 g de patatas

350 g de apio

1 zanahoria

$\frac{1}{2}$ cebolla pequeña

225 g de gambas cocidas peladas, descongeladas si son congeladas y escurridas sobre papel de cocina

$2\frac{1}{2}$ cucharadas de harina

1 huevo ligeramente batido

aceite vegetal para freír

sal y pimienta

ensalada verde para acompañar

SALSA DE TOMATES CEREZA

225 g de tomates cereza variados cortados en cuartos

$\frac{1}{2}$ mango pequeño, en daditos

1 guindilla pequeña roja, sin semillas y picada fina

$\frac{1}{2}$ cebolla roja picada fina

1 cucharada de cilantro fresco picado

1 cucharada de cebollino fresco picado

2 cucharadas de aceite de oliva

2 cucharaditas de zumo de limón

sal y pimienta

1 Para la salsa, mezcle los tomates, el mango, la guindilla, la cebolla, el cilantro, el cebollino, el aceite, el zumo de limón, sal y pimienta. Déjela reposar para que se mezclen los aromas.

2 Con un rallador o con el robot de cocina, ralle finamente las patatas, el apio, el puerro y la cebolla. Mézclelo todo con las gambas, la harina y el huevo. Sazone y reserve.

3 Divida la mezcla en 8 porciones iguales e introdúzcalas, apretando, en sendos cortapastas engrasados de 10 cm de diámetro. Si sólo tiene un molde, haga los *rostis* de uno en uno.

4 Caliente aceite en una sartén y fría los *rostis*, sin sacarlos del molde, en tandas si no caben. Cuando el aceite chisporrotee, quite los cortapastas y siga friendo los *rostis* a fuego lento, oprimiéndolos con una espátula, 6-8 minutos por cada lado, para que las verduras queden tiernas y los pastelitos, dorados y crujientes. Deje que escurran sobre papel de cocina y resérvelos calientes, en el horno. Sírvalos con una ensalada y la salsa.

pastelitos de salmón

para 4 personas

450 g de patatas harinosas ralladas

2 cebolletas picadas

2 cucharadas de harina con levadura

2 huevos batidos

2 cucharadas de aceite vegetal

sal y pimienta

cebollino fresco para adornar

PARA CORONAR:

150 ml de crema agria

125 g de salmón ahumado

1 Lave la patata rallada bajo el chorro de agua fría, escúrrala y séquela con papel de cocina. Colóquela en un cuenco grande.

2 Mezcle la cebolleta, la harina y el huevo con la patata; salpimente.

3 Caliente 1 cucharada de aceite en una sartén. Deje caer luego 3 o 4 cucharadas de masa en la sartén y aplánelas con el dorso de una cuchara para formar tortitas (debería

obtener 16 unidades). Sofríalas durante 5-7 minutos, dándoles la vuelta una vez, hasta que estén doradas. Escúrralas bien.

4 Vaya calentando cucharadas de aceite y friendo el resto de la masa.

5 Corone los pastelitos con un poco de crema agria y salmón ahumado, adórnelos con cebollino fresco y sírvalos calientes.

pastelitos de patata y atún

para 4 personas

225 g de patatas cortadas en dados

1 cucharada de aceite de oliva

1 chalote grande picado

1 diente de ajo picado

1 cucharadita de tomillo fresco

400 g de atún de lata en aceite
   de oliva, escurrido

la ralladura de ½ limón

1 cucharada de perejil fresco picado

2-3 cucharadas de harina

1 huevo ligeramente batido

115 g de pan rallado fresco

aceite vegetal para freír

sal y pimienta

ensalada para acompañar

SALSA DE TOMATE RÁPIDA

2 cucharadas de aceite de oliva

400 g de tomate triturado de lata

1 diente de ajo chafado

½ cucharadita de azúcar

ralladura de ½ limón

1 cucharada de albahaca fresca
   picada

1 Hierva las patatas en abundante agua ligeramente salada durante 12-15 minutos, hasta que estén tiernas. Cháfelas dejándolas ligeramente grumosas y resérvelas.

2 Caliente el aceite en una sartén pequeña y rehogue el chalote a fuego lento unos 5 minutos, hasta que se ablande. Añada el ajo y el tomillo, y rehóguelo 1 minuto más. Deje que la mezcla se entibie e incorpórela a la patata junto con el atún, la ralladura de limón, el perejil, sal y pimienta. Mézclelo bien, pero sin chafar.

3 Forme 6-8 pastelitos con la pasta. Páselos por harina, después por el huevo batido y finalmente por la miga de pan. Déjelos en la nevera durante 30 minutos como mínimo.

4 Para la salsa, ponga en un cazo el aceite, el tomate, el ajo, el azúcar, la ralladura de limón y la albahaca; salpimente. Llévelo todo a ebullición, tape el cazo y cuézalo 30 minutos. Destápelo y cuézalo 15 minutos más para que la salsa se espese.

5 Caliente aceite en una sartén y fría los pastelitos, en tandas, durante 3-4 minutos por cada lado, hasta que estén dorados y crujientes. Déjelos sobre papel de cocina mientras fríe el resto. Sírvalos calientes, con la salsa de tomate y la ensalada.

salteado de patata y verduras

para 4 personas

900 g de patatas mantecosas

2 cucharadas de aceite vegetal

1 pimiento amarillo cortado en dados

1 pimiento rojo cortado en dados

1 zanahoria cortada en juliana

1 calabacín cortado en juliana

2 dientes de ajo chafados

1 guindilla roja fresca sin semillas
   y cortada en rodajitas

1 manojo de cebolletas, cortadas
   por la mitad a lo largo

125 ml de leche de coco

1 cucharadita de citronela picada

2 cucharaditas de zumo de lima

la ralladura de 1 lima

1 cucharada de cilantro fresco
   picado

SUGERENCIA

Asegúrese de emplear una variedad de patata mantecosa para que conserve la forma al hervirla. En el paso 2, no cueza en exceso las patatas, porque si lo hiciera se desharían al saltearlas en el wok.

1 Con un cuchillo afilado, corte las patatas en dados pequeños.

2 Cuézalos en agua salada hirviendo, a fuego medio, durante 5 minutos. Escúrralos bien.

3 Caliente un wok o una sartén grande de base gruesa. Vierta el aceite vegetal y caliéntelo, moviendo la sartén o el wok para que se deslice por el fondo y lo cubra por completo.

4 Saltee a fuego moderado la patata, los dados de pimiento rojo y amarillo, la zanahoria, el ajo, el calabacín y la guindilla durante 2-3 minutos.

5 Incorpore las cebolletas, la leche de coco, la citronela y el zumo de lima. Saltéelo todo junto durante 5 minutos más.

6 Añada la ralladura de lima y el cilantro, y saltee otro minuto. Sirva el salteado muy caliente.

VARIACIÓN

Antes de saltear las verduras, haga una tortilla para decorar. Bata 2 huevos con 2 cucharadas de agua, 3 cucharadas de cilantro fresco picado, sal y pimienta. Caliente 1 cucharada de aceite en el wok y vierta el huevo. Cueza la tortilla hasta que cuaje y los bordes empiecen a dorarse. Déle la vuelta para que se haga por el otro lado unos 30 segundos. Deje que se enfríe, enróllela y córtela en rodajas finas.

Guarniciones

Cuando pensamos en la patata como guarnición, inevitablemente la asociamos con carne y verduras, y la imaginamos asada o hervida. De hecho, la patata se puede combinar con tantos sabores y cocinar de tantas maneras diferentes que constituye una base perfecta para una gran variedad de exquisitas guarniciones o platos para acompañar. Este capítulo, con su colección de tentadoras recetas, es una muestra de sus posibilidades.

Las patatas se pueden preparar de muchas formas distintas: salteadas, rehogadas, fritas en abundante aceite, asadas al horno o hervidas. En estas páginas encontrará todo tipo de recetas para guarniciones, como por ejemplo las patatas bravas o las patatas al vapor en papillote. También hallará recetas clásicas como las patatas *dauphinoise* y las *pommes* Anna, y versiones de platos tradicionales como las patatas asadas o fritas picantes.

colcannon

para 4 personas

225 g de col verde cortada en tiras finas

5 cucharadas de leche

225 g de patatas harinosas cortadas en dados

1 puerro grande picado

1 pizca de nuez moscada

1 cucharada de mantequilla fundida

sal y pimienta

SUGERENCIA

Existen muchas variedades de col, que se cosechan en distintas épocas. Por lo tanto, este delicioso plato se podrá preparar en cualquier estación del año.

1 Cueza la col en abundante agua con sal durante 7-10 minutos. Escúrrala bien y resérvela.

2 Mientras tanto, en una cazuela aparte, lleve la leche a ebullición y añada las patatas y el puerro. Baje la temperatura y cuézalo a fuego lento durante 15-20 minutos o hasta que todo esté totalmente cocido.

3 Añada la nuez moscada y luego haga un puré con las patatas y el puerro.

4 Incorpore la col en el puré y mezcle bien. Sazone al gusto con sal y pimienta.

5 Disponga la preparación en una fuente de servir caliente y haga un hoyo en el centro con el dorso de una cuchara.

6 Vierta la mantequilla derretida en el hueco y sirva el plato inmediatamente.

patatas bravas

para 4 personas

2 cucharadas de aceite de oliva

500 g de patatas nuevas pequeñas,
  cortadas por la mitad

1 cebolla partida por la mitad
  y después en rodajas

1 pimiento verde en tiras finas

1 cucharadita de guindilla molida

1 cucharadita de mostaza

300 ml de *passata*

300 ml de caldo de verduras

sal y pimienta

perejil fresco picado, para decorar

SUGERENCIA

En España, las tapas se suelen
acompañar con un vaso de jerez
frío o algún otro aperitivo.

1 Caliente el aceite de oliva en una
sartén y ponga las patatas y la
cebolla. Rehóguelas durante unos
4-5 minutos, removiendo hasta que
la cebolla se haya ablandado un poco.

2 Incorpore el pimiento, la guindilla
molida y la mostaza, y cuézalo
todo junto otros 2-3 minutos.

3 Vierta la *passata* (preparación
italiana de tomate triturado) y el
caldo en la sartén, y llévelo a ebullición.
Reduzca la temperatura y cuézalo unos
25 minutos o hasta que las patatas
estén bien tiernas. Salpimente.

4 Coloque las patatas en una
fuente. Esparza el perejil por
encima y sírvalas calientes. También
puede dejarlas enfriar por completo
y servirlas frías.

puré crujiente de patata y queso

para 4 personas

900 g de patatas harinosas en dados

2 cucharadas de mantequilla

2 cucharadas de leche

50 g de queso azul o de sabor
   fuerte, rallado

COBERTURA CRUJIENTE:

3 cucharadas de mantequilla

1 cebolla cortada en trozos

1 diente de ajo chafado

1 cucharada de mostaza de grano
   entero

175 g de pan rallado integral fresco

2 cucharadas de perejil picado

sal y pimienta

VARIACIÓN

Sustituya la leche por yogur
natural y utilice queso cheddar o
parmesano. Si lo prefiere, omita
el queso y añada 200 g de
nueces picadas. O bien sustituya
la mitad de las patatas por apio
o chirivía. Para enriquecer la
textura, utilice nata líquida
espesa en lugar de leche.

---

1 Cueza las patatas en agua
hirviendo durante 10 minutos
o hasta que estén tiernas.

2 Mientras, prepare la cobertura.
Derrita la mantequilla en una
sartén y, removiendo, rehogue la
cebolla, el ajo y la mostaza a fuego
suave 5 minutos, hasta que la cebolla
se ablande un poco. Agregue el perejil.

3 Ponga el pan rallado en un
cuenco e incorpore la cebolla
frita. Salpimente al gusto.

4 Escurra bien las patatas y
póngalas en un cuenco grande.
Sin esperar a que se enfríen, añada la
mantequilla y la leche, y haga un puré
suave. Incorpore el queso.

5 Ponga el puré de patata en
una fuente llana para el horno
y espolvoree con la cobertura.

6 Gratínelo en el horno
precalentado a 200 °C durante
10-15 minutos, hasta que la cobertura
esté dorada y crujiente. Sírvalo de
inmediato.

SUGERENCIA

Para que el plato sea todavía más
crujiente, añada al puré algunas
verduras cocidas, como apio
y pimientos, en el paso 4.

patatas en papillote

para 4 personas

450 g de patatas nuevas pequeñas
1 zanahoria cortada en juliana fina
1 bulbo de hinojo cortado en
    rodajas
75 g de judías verdes redondas
1 pimiento amarillo cortado en tiras
240 ml de vino blanco seco
4 ramitas de romero
sal y pimienta
ramitas de romero, para decorar

1 Recorte 4 cuadrados de papel de hornear de unos 25 cm.

2 Luego, reparta las verduras entre los 4 cuadrados de papel y colóquelas en el centro.

3 Junte los bordes del papel y haga un hatillo para contener las verduras, dejando la parte superior abierta.

4 Coloque los hatillos en una bandeja para el horno poco profunda y ponga 4 cucharadas de vino blanco en cada uno. Añada una ramita de romero y salpimente al gusto.

5 Doble la parte superior del papel para cerrarlo. Deje los hatillos en el horno precalentado a 190 °C durante 30-35 minutos, o hasta que las verduras estén tiernas.

6 Presente los hatillos en los platos individuales, adornados con las ramitas de romero.

7 Los hatillos se abren en la mesa para poder apreciar todo el aroma de las verduras.

SUGERENCIA

Si no encuentra patatas nuevas pequeñas, utilice otras más grandes partidas por la mitad o en cuartos; así se asegurará de que quedan tiernas en el tiempo de cocción especificado.

patatas al jengibre

para 4 personas

675 g de patatas mantecosas
   cortadas en dados
2 cucharadas de aceite vegetal
4 cucharaditas de jengibre rallado
1 guindilla verde picada
1 tallo de apio picado
25 g de anacardos
unas hebras de azafrán
3 cucharadas de agua hirviendo
5 cucharadas de mantequilla
hojas de apio, para decorar

SUGERENCIA

Utilice una sartén antiadherente
de base gruesa, pues la mezcla
de patata es bastante seca y en
otro recipiente podría pegarse.

1 Cueza las patatas en agua
hirviendo durante 10 minutos.
Escúrralas bien.

2 Caliente el aceite en una sartén de
base gruesa y rehogue las patatas
durante 3-4 minutos, sin dejar de
remover.

3 Incorpore el jengibre rallado, la
guindilla, el apio y los anacardos,
y cuézalo 1 minuto más.

4 Mientras tanto, en un bol
pequeño, ponga el azafrán
en remojo con el agua hirviendo.

5 Añada la mantequilla y la mezcla
de azafrán a la sartén. Cuézalo a
fuego suave 10 minutos o hasta que
las patatas estén tiernas.

6 Disponga las patatas al jengibre
en una fuente caliente, adórnelas
con las hojas de apio y sírvalas de
inmediato.

trío de purés de patata

para 4 personas

1 cucharada de mantequilla,
   y un poco más para engrasar
300 g de patatas harinosas picadas
125 g de nabos gallegos picados
1 zanahoria picada
450 g de espinacas
1 cucharada de leche
2$^{1}/_{2}$ cucharadas de harina
1 huevo
$^{1}/_{2}$ cucharadita de canela molida
1 cucharada de zumo de naranja
$^{1}/_{4}$ de cucharadita de nuez moscada
   rallada
sal y pimienta
zanahoria en juliana, para adornar

1 Engrase ligeramente cuatro tarrinas o moldes para flan de 150 ml de capacidad.

2 Cueza las patatas en agua hirviendo 10 minutos. Mientras tanto, por separado, cueza el nabo y la zanahoria, también 10 minutos. Escalde las espinacas en un poco de agua hirviendo durante 5 minutos. Escurra todas las verduras.

3 Incorpore a las patatas la leche y la mantequilla, y haga un puré. Agregue la harina y el huevo.

4 Divida el puré de patata en 3 partes iguales y póngalas en cuencos distintos. Incorpore el nabo en uno de ellos y mézclelo. Proceda de igual modo con la zanahoria y las espinacas en los otros dos cuencos.

5 Añada la canela al puré de patata y nabo, y salpimente al gusto. En la mezcla de patata y zanahoria, incorpore el zumo de naranja, y en la de patata y espinaca, espolvoree la nuez moscada y mézclelo bien.

6 Ponga una capa de puré de patata y nabo en cada una de las tarrinas o moldes, y alise la superficie. Cubra con una capa de patata y espinaca y finalmente, con otra de patata y zanahoria. Tape las tarrinas con papel de aluminio y colóquelas en una fuente honda para el horno. Llene la fuente hasta la mitad con agua hirviendo y cuézalo en el horno precalentado a 180 ºC unos 40 minutos.

7 Desmolde sobre los platos, adorne con la zanahoria en juliana y sirva inmediatamente.

patatas nuevas caramelizadas

para 4 personas

675 g de patatas nuevas, limpias

4 cucharadas de azúcar moreno

60 g de mantequilla

1 cucharada de zumo de naranja

1 cucharada de perejil o cilantro
   fresco picado

sal y pimienta

virutas de piel de naranja, para
   adornar

VARIACIÓN

Si lo prefiere, puede utilizar zumo
de lima o de limón en lugar de
naranja. También puede decorar
el plato terminado con piel
de limón o de lima.

1 Cueza las patatas nuevas en agua
hirviendo 10 minutos, o hasta que
estén casi tiernas. Escúrralas bien.

2 Derrita el azúcar en una sartén de
base gruesa, a fuego lento y sin
dejar de remover.

3 Añada la mantequilla y el zumo
de naranja, y remueva hasta que
se derrita la mantequilla.

4 Incorpore las patatas a la mezcla
y acabe de cocerlas, dándoles
la vuelta a menudo hasta que estén
totalmente recubiertas de caramelo.

5 Esparza el perejil o el cilantro
picado por encima de las patatas
y salpimente al gusto.

6 Disponga las patatas
caramelizadas en una fuente de
servir y adórnelas con las virutas de piel
de naranja. Sírvalas inmediatamente.

patatas y cebollas picantes

para 4 personas

6 cucharadas de aceite vegetal

2 cebollas picadas

1 cucharadita de jengibre fresco
   picado fino

1 cucharadita de ajo chafado

1 cucharadita de guindilla en polvo

1½ cucharaditas de comino molido

1½ cucharaditas de cilantro molido

1 cucharadita de sal

400 g de patatas nuevas en conserva

1 cucharada de zumo de limón

BAGHAAR

3 cucharadas de aceite

3 guindillas rojas secas

½ cucharadita de semillas de cebolla

½ cucharadita de semillas de mostaza

½ cucharadita de semillas de alholva

PARA DECORAR

hojas de cilantro fresco

1 guindilla verde fresca, sin semillas
   y picada muy menuda

1 Caliente el aceite en una sartén honda de base gruesa. Saltee la cebolla, removiendo, hasta que se dore. Reduzca la temperatura; añada el jengibre, el ajo, la guindilla, el comino, el cilantro y la sal; sofríalo 1 minuto. Aparte la sartén del fuego y resérvelo.

2 Escurra las patatas. Incorpórelas a la mezcla de cebolla y especias, y caliéntelo todo. Rocíelo con el zumo de limón y mézclelo bien.

3 Para hacer el *baghaar*, caliente el aceite en una sartén pequeña, añada las guindillas rojas y las semillas de cebolla, mostaza y alholva, y fríalo todo hasta que las semillas adquieran una tonalidad más oscura. Aparte la sartén del fuego y vierta el *baghaar* sobre las patatas.

4 Decórelo con hojas de cilantro y guindilla picada, y sírvalo.

121

patatas indias picantes

para 4 personas

1/2 cucharadita de semillas de cilantro

1 cucharadita de semillas de comino

4 cucharadas de aceite vegetal

2 vainas de cardamomo

1 trozo de jengibre de 2 cm, rallado

1 guindilla roja picada

1 cebolla picada

2 dientes de ajo chafados

450 g de patatas nuevas cortadas
en cuartos

150 ml de caldo de verduras

675 g de espinacas picadas

4 cucharadas de yogur natural

sal y pimienta

VARIACIÓN

Si lo prefiere, utilice espinacas
congeladas en lugar de frescas.
Descongélelas y escúrralas bien
antes de incorporarlas en el
guiso, pues de otro modo
quedaría aguado.

---

1 En un mortero, maje bien las
semillas de cilantro y de comino.

2 Caliente el aceite en una sartén
y rehogue las semillas molidas
junto con el cardamomo y el jengibre
durante unos 2 minutos.

3 Añada la guindilla picada, la
cebolla y el ajo. Rehóguelo todo
junto otros 2 minutos, sin dejar de
remover.

4 Incorpore las patatas y el caldo de
verduras. Cuézalo a fuego suave
30 minutos o hasta que las patatas
estén bien tiernas, removiéndolo
de vez en cuando.

5 Añada las espinacas y cuézalo
todo junto otros 5 minutos.

6 Retire la sartén del fuego y
agregue el yogur. Salpimente
al gusto. Coloque las patatas con
espinacas en una fuente y sírvalas
de inmediato.

SUGERENCIA

Los morteros tradicionales,
de cerámica, mármol o hierro
colado, son ideales para majar
las especias. Los molinillos no
van tan bien, porque suelen ser
difíciles de limpiar y pueden dar
lugar a mezclas de aromas
desagradables.

patatas con setas al vino tinto

para 4 personas

125 g de mantequilla

450 g de patatas nuevas partidas
   por la mitad

200 ml de vino tinto

6 cucharadas de caldo de carne

8 chalotes partidos por la mitad

125 g de setas de ostra (u otro tipo)

1 cucharada de salvia o cilantro
   fresco picado

sal y pimienta

salvia o cilantro frescos, para adornar

VARIACIÓN

Si no encuentra setas de ostra
puede utilizar cualquier otro tipo,
como por ejemplo champiñones
o rebozuelos.

1 Derrita la mantequilla en una
sartén de base gruesa y rehogue
las patatas a fuego suave durante
5 minutos, sin dejar de remover.

2 Añada el vino tinto, el caldo de
carne y los chalotes. Salpimente
al gusto y cuézalo a fuego lento unos
30 minutos.

3 Agregue las setas y la salvia
o el cilantro picado, y cuézalo
otros 5 minutos.

4 Disponga el guiso de patata
y setas en una fuente caliente.
Adórnelo con hojas de salvia o ramitas
de cilantro, y sírvalo de inmediato.

pommes Anna

para 4 personas

60 g de mantequilla derretida

675 g de patatas mantecosas

4 cucharadas de hierbas frescas
picadas, y algo más para adornar

sal y pimienta

SUGERENCIA

Asegúrese de cortar
las patatas bien finas,
casi trasparentes, para que
se asen bien.

1 Pinte una fuente para el horno poco profunda de 1 litro de capacidad con mantequilla derretida.

2 Corte las patatas en rodajas finas y séquelas con papel de cocina.

3 Cubra la base de la fuente con una capa de rodajas de patata. Píntelas con mantequilla y espolvoree con un cuarto de la mezcla de hierbas. Salpimente al gusto.

4 Siga haciendo capas de patata, mantequilla y hierbas, hasta acabar con todas las rodajas.

5 Pinte la capa superior de patatas con mantequilla, cubra la fuente y déjela durante 1 hora en el horno precalentado a 190 ºC.

6 Vuelque las patatas en otra fuente refractaria caliente y acabe de cocerlas en el horno 25-30 minutos o hasta que estén doradas. Sírvalas de inmediato, espolvoreadas con hierbas.

patatas asadas con mayonesa de lima

para 4 personas

450 g de patatas sin pelar, limpias

3 cucharadas de mantequilla
   derretida

2 cucharadas de tomillo fresco
   picado

pimentón para espolvorear

MAYONESA DE LIMA:

150 ml de mayonesa

2 cucharaditas de zumo de lima

la ralladura fina de 1 lima

1 diente de ajo chafado

1 pizca de pimentón

sal y pimienta

1 Corte las patatas en rodajas de 1 cm de grosor.

2 Cueza las patatas en una cazuela con agua hirviendo durante 5-7 minutos; no deben acabar de cocerse, sino tener una consistencia firme. Retírelas con una espumadera y escúrralas bien.

3 Forre una bandeja para el horno con papel de aluminio y coloque las rodajas de patata.

4 A continuación, pinte las patatas con la mantequilla derretida y espolvoree con el tomillo picado. Salpimente al gusto.

5 Ase las patatas bajo el grill precalentado a temperatura media, durante 10 minutos, dándoles la vuelta una vez.

6 Mientras tanto, prepare la salsa. Mezcle en un bol la mayonesa con el zumo y la ralladura de lima, el ajo y el pimentón; salpimente.

7 Espolvoree las patatas con pimentón y sírvalas con la mayonesa de lima.

SUGERENCIA

Para una bonita guarnición, ensarte las rodajas de patata en una brocheta y áselas en la barbacoa a temperatura media.

patatas dauphinoise

para 4 personas

1 cucharada de mantequilla

675 g de patatas mantecosas, cortadas en rodajas

2 dientes de ajo chafados

1 cebolla roja cortada en rodajas

85 g de queso gruyer rallado

300 ml de nata líquida espesa

sal y pimienta

SUGERENCIA

Existen muchas versiones de esta receta clásica, y todas llevan nata líquida espesa; por lo tanto, es un plato que llena mucho. Se prepara en una fuente poco profunda para que quede crujiente.

1 Engrase una fuente para el horno de 1 litro de capacidad con un poco de mantequilla.

2 Extienda una capa de rodajas de patata sobre el fondo de la fuente engrasada.

3 Esparza sobre las patatas un poco de ajo, unas rodajas de cebolla y queso gruyer rallado. Salpimente al gusto.

4 Vaya alternando las capas en este mismo orden y termine con una capa de patatas. Espolvoree con queso.

5 Vierta la nata líquida por encima y cuézalo en el horno precalentado a 180 °C, 1 1/2 horas o hasta que las patatas estén cocidas, doradas y crujientes. Sírvalas inmediatamente.

patatas fritas picantes

para 4 personas

4 patatas mantecosas grandes

2 boniatos

50 g de mantequilla derretida

$\frac{1}{2}$ cucharada de guindilla en polvo

1 cucharadita de *garam masala*

sal

SUGERENCIA

Las patatas cortadas se pasan por el grifo de agua fría para eliminar el almidón, lo que evita que se peguen al freírlas. Déjelas en remojo en un cuenco con agua fría y sal, y quedarán más crujientes.

1 Corte las patatas y los boniatos en rodajas de 1 cm de grosor y después, en tiras.

2 Colóquelas en un cuenco grande con agua fría y sal. Déjelas en remojo durante 20 minutos.

3 Retire las patatas y los boniatos con una espumadera y escúrralos bien. Acabe de secarlos con papel absorbente.

4 Vierta la mantequilla derretida sobre una bandeja para el horno. Coloque las patatas y los boniatos en la bandeja. Espolvoree con la guindilla en polvo y la *garam masala*, removiendo para que todo quede bien rebozado.

5 Ase las patatas y los boniatos en el horno precalentado a 200 ºC durante 40 minutos, dándoles la vuelta con frecuencia hasta que estén dorados y hechos.

6 Escúrralos sobre papel de cocina para eliminar el exceso de grasa y sírvalos bien calientes.

patatas nuevas al limón y a las hierbas

para 4 personas

PATATAS NUEVAS AL LIMÓN:

1 kg de patatas nuevas

25 g de mantequilla

1 cucharada de ralladura de piel
de limón

2 cucharadas de zumo de limón

1 cucharada de eneldo o cebollino
frescos, picados

sal y pimienta

eneldo o cebollino para decorar

PATATAS NUEVAS A LAS HIERBAS:

1 kg de patatas nuevas

3 cucharadas de aceite de oliva suave

1 cucharada de vinagre de vino blanco

1 pizca de mostaza en polvo

1 pizca de azúcar

2 cucharadas de hierbas frescas
picadas (como perejil, cebollino,
mejorana, albahaca y romero)

sal y pimienta

ramitas de hierbas para decorar

1 Para preparar las patatas al limón, límpielas bien o raspe la piel con la hoja de un cuchillo afilado. Hiérvalas en abundante agua salada durante unos 15 minutos, justo hasta que estén tiernas.

2 Mientras se cuecen las patatas, derrita la mantequilla a fuego suave. Añada la ralladura de limón, el zumo y las hierbas. Salpimente.

3 Escurra las patatas hervidas y páselas a una ensaladera.

4 Vierta por encima de las patatas la mezcla de mantequilla y limón, y remuévalo. Decore con hierbas y sirva las patatas calientes o templadas.

5 Para hacer las patatas a las hierbas, prepare y cueza las patatas igual que en el paso 1. En un bol pequeño, bata el aceite de oliva, el vinagre, la mostaza, el azúcar, sal y pimienta. Añada las hierbas picadas y mézclelo bien.

6 Escurra las patatas y vierta por encima la vinagreta, removiendo para que queden bien cubiertas. Decórelas con hierbas frescas y sírvalas templadas o frías.

patatas a la lionesa

para 6 personas

1 1/4 kg de patatas

4 cucharadas de aceite de oliva

2 cucharadas de mantequilla

2 cebollas cortadas en rodajas

2-3 dientes de ajo chafados (opcional)

sal y pimienta

perejil fresco picado para decorar

SUGERENCIA

Si las patatas se ennegrecen ligeramente al hervir, añada una cucharada de zumo de limón al agua de cocción.

1 Corte las patatas en rodajas de 5 mm de grosor. Póngalas al fuego en una cazuela con agua con sal. Cuando arranque a hervir, tape el recipiente y cuézalas a fuego lento 10-12 minutos, hasta que estén tiernas (si hierven a fuego vivo, las rodajas de patata se romperán). Cuando estén cocidas, escúrralas.

2 Mientras tanto, caliente el aceite y la mantequilla en una sartén grande, y sofría la cebolla y el ajo —si lo emplea— a fuego medio, removiendo, hasta que la cebolla esté blanda.

3 Vuelque en la sartén las patatas cocidas y, removiendo de vez en cuando, rehóguelo todo junto durante 5-8 minutos, hasta que las patatas estén bien doradas.

4 Salpimente al gusto. Antes de servir, espolvoree el plato con perejil picado. Si lo desea, pase las patatas con cebolla a una fuente refractaria grande y manténgalas templadas en el horno hasta el momento de servirlas.

patatas a la crema de coco

para 4 personas

600 g de patatas

1 cebolla cortada en rodajas finas

2 guindillas rojas frescas, sin
   semillas y picadas muy finas

$\frac{1}{2}$ cucharadita de sal

$\frac{1}{2}$ cucharadita de pimienta negra
   molida

85g de crema de coco

350 ml de caldo de verduras
   o de pollo

cilantro fresco picado o albahaca,
   para decorar

SUGERENCIA

Si las patatas son de piel fina,
o si son nuevas, lávelas o frótelas
para eliminar toda suciedad y
cuézalas con la piel. Eso añade
fibra y nutrientes al plato
terminado, y reduce el tiempo de
preparación. Las patatas nuevas
pequeñas se pueden cocer
enteras.

1 Pele las patatas muy finamente y,
con un cuchillo afilado, córtelas
en dados de 2 cm de lado.

2 Ponga las patatas en una cazuela
junto con la cebolla, la guindilla,
la sal, la pimienta y la crema de coco.
Incorpore el caldo.

3 Llévelo a ebullición, removiendo
constantemente, reduzca la
temperatura, tape la cazuela y cuézalo
a fuego lento hasta que las patatas
estén tiernas, removiendo de vez
en cuando.

4 Rectifique la sazón y espolvoree
con cilantro o albahaca picados.
Sirva las patatas inmediatamente,
mientras estén bien calientes.

patatas en salsa verde

para 5 personas

1 kg de patatas mantecosas
　peladas
1 cebolla, cortada por la mitad
　y sin pelar
8 dientes de ajo sin pelar
1 guindilla verde fresca
8 tomatitos pelados
225 ml de caldo de pollo, de carne
　o de verduras
1 cucharadita de comino molido
1 ramita de tomillo fresco o 1 pizca
　generosa de tomillo seco
1 ramita de orégano fresco o 1 pizca
　generosa de orégano seco
2 cucharadas de aceite vegetal
　o de oliva virgen extra
1 calabacín picado grueso
1 manojo de cilantro fresco picado
sal

1 Hierva las patatas en agua con sal durante unos 15 minutos o hasta que casi estén tiernas. No las cueza en exceso. Escúrralas y resérvelas.

2 Mientras tanto, ase la cebolla, los ajos, la guindilla y los tomatitos en una sartén de base gruesa, sin añadir grasa. Resérvelos y, cuando se hayan enfriado bastante para poder manejarlos, pele y pique la cebolla, los ajos y la guindilla y pique los tomatitos. Póngalo todo en una batidora con la mitad del caldo y tritúrelo para obtener un puré. Añada el comino, el tomillo y el orégano.

3 Caliente el aceite en la sartén de base gruesa. Vierta el puré y cuézalo durante 5 minutos, removiendo, para reducirlo ligeramente y que se concentren los aromas.

4 Añada las patatas, el calabacín, el resto del caldo y la mitad del cilantro. Cuézalo a fuego lento durante 5 minutos más, o hasta que el calabacín esté tierno.

5 Disponga las patatas en una ensaladera y sírvalas de inmediato, espolvoreadas con el resto del cilantro picado.

patatas con almendras

para 4 personas

600 g de patatas, sin pelar y
   cortadas en rodajas
1 cucharada de aceite vegetal
1 cebolla roja partida por la mitad
   y después en rodajas
1 diente de ajo chafado
50 g de almendras en láminas
$\frac{1}{2}$ cucharadita de cúrcuma
125 g de ruqueta
300 ml de nata líquida espesa
sal y pimienta

1 Cueza las rodajas de patata en agua hirviendo durante 10 minutos. Escúrralas bien.

2 Caliente el aceite vegetal en una sartén y rehogue la cebolla y el ajo unos 3-4 minutos, removiéndolo con frecuencia.

3 Añada a la sartén las almendras, la cúrcuma y las patatas y rehóguelo otros 2-3 minutos, sin dejar de remover. Incorpore la ruqueta.

4 Pase la mezcla de patata y almendras a una fuente para el horno poco profunda. Vierta la nata líquida por encima y salpimente.

5 Cueza las patatas en el horno precalentado a 190 ºC durante 20 minutos o hasta que estén totalmente cocidas. Sírvalas como acompañamiento de platos de carne o pescado a la parrilla.

horneado de patatas y setas

para 4 personas

2 cucharadas de mantequilla

500 g de patatas mantecosas
cortadas en rodajas finas

150 g de setas variadas, cortadas
en rodajas

1 cucharada de romero fresco
picado

4 cucharadas de cebollino fresco
picado

2 dientes de ajo chafados

150 ml de nata líquida espesa

sal y pimienta

cebollino fresco, para adornar

1 Engrase con mantequilla una
fuente llana para el horno.

2 Sancoche las patatas en agua
hirviendo 10 minutos. Escúrralas
bien. Con una cuarta parte de las
patatas, forme una capa en la base
de la fuente.

3 Disponga un cuarto de las setas
por encima de las patatas y
espolvoréelas con una cuarta parte
del romero, el cebollino y el ajo. Siga
formando capas en el mismo orden,
hasta terminar con una de patatas.

4 Vierta la nata líquida por encima.
Salpimente.

5 Cueza la preparación en el horno
precalentado a 190 ºC durante
45 minutos o hasta que esté dorada.

6 Adorne con el cebollino y sirva
inmediatamente.

rodajas de patata y queso

para 4 personas

900 g de patatas mantecosas
    grandes, sin pelar y cortadas
    en rodajas gruesas
70 g de pan rallado
40 g de queso parmesano recién
    rallado
1 1/2 cucharaditas de guindilla molida
2 huevos batidos
aceite vegetal para freír
guindilla molida para espolvorear
    (opcional)

SUGERENCIA

Puede rebozar con antelación las
rodajas de patata con la mezcla
de pan rallado y queso, y
guardarlas en la nevera hasta
que las vaya a freír.

1 Cueza las rodajas de patata en agua hirviendo durante 10-15 minutos o hasta que estén tiernas. Escúrralas bien.

2 En un cuenco, mezcle el pan rallado con el queso y la guindilla, y después pase la preparación a un plato llano. Vierta el huevo batido en otro plato llano.

3 Pase las rodajas de patata por el huevo y después rebócelas bien con el pan rallado.

4 Caliente el aceite en una cazuela grande o freidora a 180-190 ºC o hasta que un dado de pan se dore en 30 segundos. Fría las rodajas de patata en varias tandas, durante 4-5 minutos o hasta que adquieran un color dorado.

5 Retire las patatas con una espumadera y deje que se escurran bien sobre papel de cocina. Manténgalas calientes mientras acaba de freírlas todas.

6 Reparta las rodajas de patata y queso entre los platos para servir calientes. Si lo desea, espolvoréelas con la guindilla en polvo. Sírvalas bien calientes.

patatas rehogadas con cebolla

para 4 personas

900 g de patatas mantecosas
   cortadas en dados
125 g de mantequilla
1 cebolla roja cortada en 8 trozos
2 dientes de ajo chafados
1 cucharadita de zumo de limón
2 cucharadas de tomillo picado

1 Cueza las patatas en agua hirviendo 10 minutos. Escúrralas totalmente.

2 Derrita la mantequilla en una sartén de base gruesa y, removiendo, rehogue los trozos de cebolla, el ajo y el zumo de limón durante 2-3 minutos.

3 Añada las patatas a la sartén y mezcle bien todos los ingredientes.

4 Baje la temperatura, tape la sartén y déjelo cocer durante 25-30 minutos o hasta que las patatas estén doradas y tiernas.

5 Espolvoree con el tomillo picado y sazone con sal y pimienta.

6 Sirva las patatas inmediatamente, como guarnición para acompañar carnes o pescados a la parrilla.

patatas picantes y espinacas

para 4 personas

3 cucharadas de aceite vegetal

1 cebolla roja cortada en rodajas

2 dientes de ajo chafados

$\frac{1}{2}$ cucharadita de guindilla molida

2 cucharaditas de cilantro molido

1 cucharadita de comino molido

150 ml de caldo de verduras

300 g de patatas cortadas en dados

500 g de hojas de espinaca tiernas

1 guindilla roja fresca, sin semillas
y cortada en rodajitas

sal y pimienta

1 Caliente el aceite en una sartén de base gruesa. Saltee la cebolla y el ajo a fuego medio durante 2-3 minutos, removiendo de vez en cuando.

2 Incorpore la guindilla, el cilantro y el comino molidos y saltéelo todo 30 segundos más, sin dejar de remover.

SUGERENCIA

Además de añadir una nota de color al plato, la cebolla roja tiene un sabor más dulce y es menos picante que otras.

3 Añada el caldo de verduras, las patatas y las espinacas, y llévelo a ebullición. Tape la sartén y cuézalo a fuego lento unos 10 minutos, o hasta que las patatas estén totalmente cocidas.

4 Destape la sartén, salpimente, añada la guindilla y prolongue la cocción durante 2-3 minutos más. A continuación, pase las patatas picantes a una fuente precalentada y sírvalas inmediatamente.

patatas, aceitunas y anchoas

para 4 personas

450 g de patatas nuevas pequeñas,
    con la piel muy limpia

85 g de aceitunas surtidas

8 filetes de anchoa en conserva,
    escurridos y picados

2 cucharadas de aceite de oliva

2 bulbos de hinojo, limpios y
    cortados en rodajas

2 ramitas de romero fresco,
    sin el tallo

SUGERENCIA

En Italia se utiliza mucho el
romero fresco pero, si lo desea,
en esta receta puede sustituirlo
para experimentar con la hierba
aromática que prefiera.

1 Cueza las patatas en agua con sal, a fuego lento, durante 8-10 minutos o hasta que estén tiernas. Sáquelas de la cazuela con una espumadera y deje que se enfríen.

2 Cuando estén lo bastante frías para poder manejarlas, córtelas en gajos con un cuchillo afilado.

3 Quite el hueso de las aceitunas con un deshuesador o con un cuchillo afilado, y córtelas por la mitad.

4 Corte los filetes de anchoa en tiritas cortas y estrechas.

5 Caliente el aceite en una sartén grande de base gruesa y rehogue las patatas, el hinojo y el romero a fuego medio durante 7-8 minutos, o hasta que las patatas adquieran un bonito color dorado, removiendo con cuidado de vez en cuando.

6 Incorpore las aceitunas y las anchoas, y deje la sartén al fuego 1 minuto más.

7 Distribuya las patatas entre los platos y llévelos a la mesa inmediatamente.

gajos de patata a la italiana

para 4 personas

2 patatas mantecosas grandes,
   sin pelar

4 tomates maduros grandes,
   pelados y despepitados

150 ml de caldo de verduras

2 cucharadas de pasta de tomate

1 pimiento amarillo pequeño, en tiras

125 g de champiñones, en cuartos

1 cucharada de albahaca fresca
   picada

50 g de queso rallado

sal y pimienta

1 Corte las patatas en 8 gajos. Sancóchelas en agua hirviendo durante 15 minutos. Escúrralas bien y colóquelas en una fuente llana para el horno.

2 Pique los tomates e incorpórelos a las patatas. Mezcle el caldo con la pasta de tomate y viértalo por encima de la preparación.

3 Añada las tiras de pimiento amarillo, los champiñones cortados en cuartos y la albahaca picada. Salpimente bien.

4 Espolvoree con el queso rallado y cueza la preparación en el horno precalentado a 190 ºC durante 15-20 minutos, hasta que la parte superior esté bien dorada. Sírvalo inmediatamente.

patatas con queso de cabra

para 4 personas

1¹/₄ kg de patatas para asar, peladas
   y cortadas en trozos

1 pizca de sal

1 pizca de azúcar

200 ml de nata fresca espesa

125 ml de caldo de verduras
   o de pollo

3 dientes de ajo picados

unas gotas de salsa mexicana de
   chipotle, o un chipotle seco
   remojado y cortado en rodajas

225 g de queso de cabra cortado
   en rodajas

175 g de queso mozzarella o
   cheddar rallado

50 g de queso parmesano pecorino
   rallado

1 Ponga las patatas en una cazuela
   con agua y añada la sal y el
azúcar. Llévelas a ebullición, reduzca
la temperatura y hiérvalas a fuego lento
unos 10 minutos, hasta que estén
medio cocidas. Escúrralas y resérvelas.

2 En un bol pequeño, mezcle la
   nata fresca con el caldo, el ajo
y la salsa de chipotle.

3 Ponga la mitad de las patatas en
   una cazuela. Vierta por encima la
mitad de la salsa y cubra con el queso
de cabra. Cubra con la otra mitad de las
patatas y de la salsa de nata.

4 Espolvoree primero con la
   mozzarella o el cheddar rallado, y
después con el parmesano o pecorino.

5 Cueza las patatas en el horno
   precalentado a 180 °C durante
unos 25 minutos, hasta que estén
tiernas y la cobertura de queso se haya
dorado ligeramente y esté crujiente
en algunos puntos. Sírvalas
inmediatamente.

patatas con rebozado de queso

para 4 personas

900 g de patatas cortadas en trozos

150 ml de nata líquida espesa

75 g de queso gruyer rallado

1 pizca de cayena molida

2 claras de huevo

aceite vegetal para freír

sal y pimienta

PARA DECORAR:

perejil fresco picado

queso rallado

VARIACIÓN

Añada otros condimentos, como nuez moscada o curry en polvo, a la nata líquida y el queso.

SUGERENCIA

El queso gruyer tiene un sabor dulzón y se funde muy bien. Trate de conseguir el genuino, que lleva estampado "Switzerland" sobre toda la corteza. Este queso tan sólo debe estar salpicado por unos cuantos agujeritos.

---

1 Cueza las patatas en agua con sal durante 10 minutos. Escúrralas y póngalas sobre papel de cocina para que acaben de secarse. Resérvelas hasta que las necesite.

2 Mezcle la nata líquida espesa y el queso gruyer en un cuenco grande. Incorpore la cayena y salpimente al gusto.

3 Bata las claras de huevo a punto de nieve firme. Incorpórelas poco a poco a la mezcla de queso.

4 Ponga en el cuenco las patatas y remueva con cuidado.

5 Caliente abundante aceite a 180 °C o hasta que un dado de pan se dore en 30 segundos. Saque las patatas de la mezcla de queso con una espumadera y fríalas, en tandas, durante 3-4 minutos o hasta que estén doradas.

6 Disponga las patatas en una fuente caliente y adórnelas con perejil y queso rallado. Sírvalas inmediatamente.

patatas asadas picantes

para 4 personas

500 g de patatas nuevas pequeñas
150 ml de aceite vegetal
1 cucharadita de guindilla en polvo
$^1/_2$ cucharadita de semillas de
   alcaravea
1 cucharadita de sal
1 cucharada de albahaca picada

VARIACIÓN

Para variar, utilice cualquier
especia que sea de su agrado,
como curry en polvo o pimentón.

---

1 Cueza las patatas en agua hirviendo 10 minutos. Escúrralas.

2 Recubra el fondo de una bandeja para el horno poco profunda con un poco de aceite. Caliéntelo en el horno precalentado a 200 ºC durante 10 minutos. Coloque las patatas en la bandeja y píntelas con el aceite caliente.

3 En un bol pequeño, mezcle la guindilla con las semillas de alcaravea y la sal. Espolvoree las patatas con la mezcla, dándoles la vuelta para recubrirlas bien.

4 Vierta el resto del aceite en la bandeja y ase las patatas en el horno durante 15 minutos o hasta que estén totalmente cocidas.

5 Con una espumadera, saque las patatas de la bandeja y páselas a una fuente de servir caliente. Espolvoréelas con la albahaca picada y sírvalas inmediatamente.

patatas a la parmesana

para 4 personas

1¹/₄ kg de patatas

50 g de queso parmesano rallado

1 pizca de nuez moscada rallada

1 cucharada de perejil fresco picado

aceite vegetal

4 lonchas de beicon ahumado
    cortadas en tiras

sal

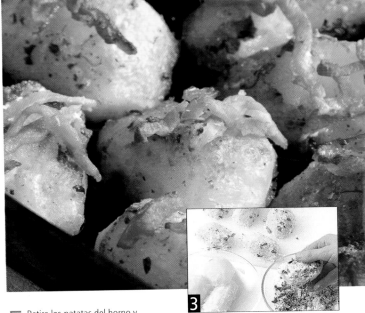

1 Corte las patatas por la mitad a lo largo y cuézalas en agua hirviendo 10 minutos. Escúrralas bien.

2 En un cuenco pequeño, mezcle el queso parmesano rallado con la nuez moscada y el perejil.

3 Reboce los trozos de patata con la mezcla de queso y sacúdalos para eliminar el exceso.

4 Vierta un poco de aceite en una bandeja para asados y caliéntelo 10 minutos en el horno precalentado a 200 ºC. Retire la bandeja del horno y coloque las patatas. Áselas en el horno durante 10 minutos, dándoles la vuelta una vez.

5 Retire las patatas del horno y ponga por encima las tiras de beicon. Hornéelas 15 minutos más o hasta que estén asadas, así como el beicon. Elimine el exceso de aceite antes de servir.

VARIACIÓN

Si lo prefiere, utilice rodajas de salami o jamón curado en lugar de beicon; añádalas al plato 5 minutos antes de acabar la cocción.

volovanes de hojaldre con verduras

para 4 personas

VOLOVANES:

450 g de pasta de hojaldre, descongelada si es congelada

1 huevo batido

RELLENO:

225 g de boniatos, en daditos

100 g de puntas de espárrago

2 cucharadas de mantequilla o margarina

1 puerro, cortado en rodajas

2 champiñones grandes, en láminas

1 cucharadita de zumo de lima

1 cucharadita de tomillo fresco picado

1 pizca de mostaza en polvo

SUGERENCIA

Preparar en casa la pasta de hojaldre no es difícil, pero requiere mucho tiempo porque implica un proceso de doblar, extender y enfriar que se repite varias veces. La pasta de hojaldre ya preparada, congelada o no, suele ser de buena calidad y es sin duda la mejor solución cuando se tiene prisa.

1 Corte la pasta en 4 piezas iguales. Extiéndalas con el rodillo en cuadrados de 13 cm. Póngalos en una bandeja de hornear humedecida y, con un cuchillo, marque en el centro de cada uno un cuadrado más pequeño.

2 Pinte la pasta con huevo batido y cuézala en el horno precalentado a 200° durante 20 minutos, o hasta que haya subido y esté dorada.

VARIACIÓN

Utilice las verduras que prefiera, pero procure que ofrezcan un contraste de colores.

3 Mientras se cuece la pasta, prepare el relleno. Cueza los boniatos en agua hirviendo durante 15 minutos y escúrralos. Escalde los espárragos en agua hirviendo durante 10 minutos o hasta que estén tiernos. Escúrralos y resérvelos.

4 Saque los cuadrados de pasta del horno. Con un cuchillo, extraiga con cuidado el cuadradito central y resérvelo.

5 Funda la mantequilla o la margarina en una sartén y saltee el puerro y los champiñones durante 2-3 minutos. Añada el zumo de limón, el tomillo y la mostaza, sazone bien e incorpore los boniatos y los espárragos. Distribuya el relleno entre los volovanes y cúbralo con los cuadrados de hojaldre reservados. Sírvalos inmediatamente.

patatas al pesto

para 4 personas

900 g de patatas nuevas pequeñas

75 g de albahaca fresca

2 cucharadas de piñones

3 dientes de ajo chafados

100 ml de aceite de oliva

75 g de una mezcla de queso
parmesano y pecorino rallados

sal y pimienta

ramitas de menta fresca para adornar

1 Cueza las patatas en agua con sal hirviendo durante 15 minutos o hasta que estén tiernas. Escúrralas, páselas a una fuente precalentada y resérvelas calientes.

2 Triture en la batidora, durante unos 30 segundos, la albahaca, los piñones, el ajo y un poco de sal y pimienta. A continuación, añada poco a poco el aceite y siga batiendo hasta obtener una mezcla fina y uniforme.

3 Ponga la pasta en un bol y añada el parmesano y el pecorino rallados. Mezcle bien.

4 Vierta el pesto sobre las patatas templadas y repártalo bien. Decórelas con ramitas de albahaca fresca y sírvalas inmediatamente.

patatas Bombay

para 4 personas

1 kg de patatas mantecosas

2 cucharadas de *ghee* vegetal

1 cucharadita de *panch poran*
mezclada con 3 cucharaditas
de cúrcuma molida

2 cucharadas de pasta de tomate

300 ml de yogur natural

cilantro fresco picado para decorar

SUGERENCIA

Prepare la especia *panch poran*
mezclando cantidades iguales
de comino, hinojo, mostaza
y semillas de neguilla alholva.

1 Ponga las patatas en una cazuela
con agua fría salada, llévelas a
ebullición y cuézalas a fuego lento
hasta que estén hechas, pero no
tiernas; las de tamaño mediano
requerirán unos 15 minutos.

2 Caliente la margarina en una
sartén a fuego medio y añada las
especias, el puré de tomate, el yogur
y la sal. Desde el momento en que
arranque a hervir, cuézalo durante
5 minutos con la sartén destapada.

3 Escurra las patatas y córtelas en
4 trozos cada una. Póngalas en
la sartén, tápela y rehogue un instante.
Pase la preparación a una cazuela que
pueda ir al horno, tápela y acabe la
cocción en el horno precalentado a
180 ºC durante unos 40 minutos o
hasta que las patatas estén tiernas
y la salsa se haya espesado un poco

4 Espolvoree las patatas con cilantro
picado y sírvalas inmediatamente.

barquitas de patata crujientes

para 4 personas

8 patatas pequeñas para asar con
la piel bien lavada
4 cucharadas de mantequilla fundida
sal y pimienta
COBERTURA OPCIONAL:
6 cebolletas cortadas en rodajas
50 g de queso gruyer rallado
50 g de salchichón cortado en tiras
finas

SUGERENCIA

Estas barquitas de patata se
pueden servir tal cual, y también
con alguna salsa para mojar, por
ejemplo una de tomate picante.

1 Pinche las patatas con un tenedor y áselas en el horno precalentado a 200 ºC durante aproximadamente 1 hora, o hasta que estén tiernas.

2 Corte las patatas por la mitad y extraiga la pulpa con una cucharita, dejando una capa de unos 5 mm adherida a la piel.

3 Unte el interior de las patatas con mantequilla fundida.

4 Ponga las barquitas de patata con el lado cortado hacia abajo sobre la parrilla y áselas 10-15 minutos al calor moderado de las brasas. Si lo prefiere, áselas bajo el grill.

5 Dé la vuelta a las barquitas y áselas durante 5 minutos más o hasta que estén crujientes. Procure que no se quemen.

6 Salpimente las barquitas de patata y sírvalas bien calientes.

7 Si lo desea, rellene las barquitas a su gusto. Áselas en la barbacoa durante 10 minutos, tal como se ha indicado, déles la vuelta y ponga dentro, por ejemplo, rodajas de cebolleta, queso rallado y tiras de salchichón. Áselas en la barbacoa o bajo el grill del horno precalentado durante 5 minutos más, hasta que el queso se funda. Sírvalas calientes.

patatas fritas con pimentón

para 4 personas

2 patatas grandes

aceite de oliva para freír

$^1/_2$ cucharadita de pimentón

sal

1 Con un cuchillo bien afilado, corte
las patatas en rodajas tan finas
como pueda, casi transparentes.
Escúrralas bien y séquelas con papel
de cocina.

2 Caliente el aceite en una sartén
grande de base gruesa y añada
el pimentón, removiendo sin parar
para que no se pegue ni se queme.

3 Ponga una capa de patatas en
la sartén y fríalas durante unos
5 minutos, o hasta que se empiecen
a curvar un poco por los bordes.

4 Retire las patatas de la sartén con
una espumadera y colóquelas

sobre papel de cocina para que queden
bien escurridas.

5 Ensarte las patatas en varias
brochetas de madera.

6 Espolvoree las patatas con un
poco de sal y áselas en una
barbacoa no demasiado caliente o bajo
el grill (a temperatura media) durante
unos 10 minutos, dándoles la vuelta
a menudo, hasta que se empiecen a
dorar. Si lo desea, espolvoree con
un poco más de sal.

patatas fritas chinas

para 4 personas

650 g de patatas medianas

125 ml de aceite vegetal

1 guindilla roja fresca cortada por
   la mitad y sin semillas

1 cebolla pequeña cortada en cuartos

2 dientes de ajo cortados por la
   mitad

2 cucharadas de salsa de soja ligera

1 pizca de sal

1 cucharadita de vinagre de vino

1 cucharada de sal marina gruesa

1 pizca de guindilla molida

1 Pele las patatas y córtelas a lo largo en rodajas finas; después corte las rodajas en bastoncitos.

2 Ponga a hervir agua y escalde los bastoncitos de patata durante 2 minutos. Escúrralos, aclárelos bajo el chorro del agua fría y escúrralos bien. Póngalos sobre papel de cocina para que se sequen por completo.

3 Caliente un wok, vierta el aceite y caliéntelo hasta que casi humee. Fría la guindilla, la cebolla y el ajo durante 30 segundos. Saque del wok y deseche la guindilla, la cebolla y el ajo.

4 Sumerja los bastoncitos de patata en el aceite y fríalos 3-4 minutos o hasta que estén bien dorados.

5 Añada la salsa de soja, la sal y el vinagre; reduzca la temperatura y fría las patatas durante 1 minuto más, o hasta que estén crujientes.

6 Saque las patatas del wok con una espumadera y deje que se escurran sobre papel de cocina.

7 Sirva las patatas en una fuente, espolvoreadas con la sal marina y la guindilla molida.

157

gajos de patata al ajo

para 4 personas

3 patatas para asar grandes, lavadas

4 cucharadas de aceite de oliva

2 cucharadas de mantequilla

2 dientes de ajo picados

1 cucharada de romero picado

1 cucharada de perejil fresco picado

1 cucharada de tomillo fresco picado

sal y pimienta

SUGERENCIA

Quizá le resulte más fácil asar estas patatas en una barbacoa con una parrilla de bisagra.

1 En una cazuela, lleve agua con sal a ebullición y sancoche las patatas durante 10 minutos. Escúrralas, páselas bajo el chorro de agua fría y vuelva a escurrirlas.

2 Ponga las patatas sobre una tabla. Cuando se hayan enfriado un poco y se puedan manejar, córtelas en gajos gruesos, sin pelarlas.

3 En una sartén pequeña, caliente el aceite y la mantequilla junto con el ajo, y sofríalo a fuego lento hasta que empiece a dorarse; entonces, aparte la sartén del fuego.

4 Incorpore en la sartén las hierbas, sal y pimienta.

5 Unte los gajos de patata con la mezcla de margarina y hierbas.

6 Ase las patatas en la barbacoa a fuego vivo 10-15 minutos, o hasta que estén tiernas, untándolas varias veces con lo que quede de la mantequilla. Si lo prefiere, áselas bajo el grill en el horno precalentado.

7 Sirva los gajos de patata al ajo en una fuente caliente, como tentempié o como guarnición.

Carne y aves

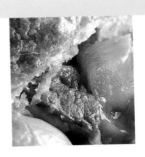

Este capítulo comprende una amplia selección
de deliciosos platos principales. En la mayoría
de las recetas la patata es el ingrediente central,
pero también se incluyen ideas para añadir carne, aves y hortalizas; así todo
el mundo encontrará platos de su agrado. Las recetas provienen de distintos
países: pruebe los raviolis de patata o la *masala* de cordero y patata. Entre otras
exquisitas comidas adecuadas para satisfacer a las personas de gran apetito,
encontrará el estofado cremoso de pollo y patata y el pastel de pastor, que no
es otro que el clásico pastel de carne picada y patata. En estas páginas hallará
un plato adecuado para cualquier ocasión.

raviolis de patata

para 4 personas

RELLENO:

1 cucharada de aceite vegetal

125 g de carne de buey picada

1 chalote cortado en dados

1 diente de ajo chafado

1 cucharada de harina

1 cucharada de pasta de tomate

150 ml de caldo de carne

1 tallo de apio picado

2 tomates, pelados y cortados
    en dados

2 cucharaditas de albahaca fresca
    picada

sal y pimienta

RAVIOLIS:

450 g de patatas cortadas en dados

3 yemas de huevo pequeñas

3 cucharadas de aceite de oliva

175 g de harina y un poco más

60 g de mantequilla para freír

hojas de albahaca cortadas en tiras,
    para adornar

1 Para el relleno, caliente el aceite en una sartén y sofría la carne durante 3-4 minutos, deshaciéndola con una cuchara. Añada el chalote y el ajo, y sofríalos otros 2-3 minutos, hasta que el chalote se ablande.

2 Incorpore la harina y la pasta de tomate y sofríalo 1 minuto más. Agregue el caldo de carne, el apio, el tomate y la albahaca fresca picada. Salpimente al gusto.

3 Cuézalo a fuego suave durante 20 minutos. Retírelo del fuego y deje que se enfríe.

4 Para los raviolis, hierva las patatas en agua 10 minutos, hasta que estén tiernas.

5 Haga un puré con las patatas y colóquelo en un cuenco grande. Añada las yemas de huevo y el aceite. Salpimente, incorpore la harina y forme una masa.

6 Sobre una superficie enharinada, divida la masa en 24 trozos y forme redondeles planos. Deposite el relleno sobre una mitad de cada

redondel y doble la otra por encima, presionando para sellar los bordes.

7 Derrita la mantequilla en una sartén y fría los raviolis durante 6-8 minutos, dándoles la vuelta una vez, hasta que queden dorados. Sírvalos calientes, adornados con albahaca.

estofado de patata, carne y cacahuetes

para 4 personas

1 cucharada de aceite vegetal

5 cucharadas de mantequilla

450 g de carne magra de buey,
    cortada en tiras finas

1 cebolla cortada en rodajas

2 dientes de ajo chafados

600 g de patatas mantecosas
    cortadas en dados

1/2 cucharadita de pimentón picante

4 cucharadas de crema de
    cacahuete crujiente

600 ml de caldo de carne

25 g de cacahuetes sin sal

2 cucharaditas de salsa de soja clara

50 g de guisantes de olor

1 pimiento rojo cortado en tiras

ramitas de perejil para adornar

1 Caliente el aceite y la mantequilla en una cazuela.

2 Rehogue la carne a fuego suave 3-4 minutos, dándole la vuelta y removiendo hasta que se dore ligeramente.

3 Añada la cebolla y el ajo, y rehóguelo otros 2 minutos, sin dejar de remover.

4 Incorpore los dados de patata y siga sofriendo 3-4 minutos o hasta que empiecen a dorarse.

5 Agregue el pimentón y la crema de cacahuete y después, poco a poco, el caldo de carne. Llévelo a ebullición, removiendo.

6 Por último, añada los cacahuetes, la salsa de soja, los guisantes y el pimiento rojo.

7 Tápelo y cuézalo a fuego lento durante 45 minutos o hasta que la carne esté bien cocida.

8 Si lo desea, sirva el plato decorado con perejil.

hatillos de carne y patata

para 4 personas

225 g de patatas mantecosas
cortadas en dados pequeños

1 cucharada de aceite vegetal

115 g de carne de buey picada

1 puerro cortado en rodajas

1 pimiento amarillo pequeño,
cortado en daditos

115 g de champiñones cortados
en láminas

1 cucharada de harina

1 cucharada de pasta de tomate

6 cucharadas de vino tinto

6 cucharadas de caldo de carne

1 cucharada de romero fresco picado

225 g de pasta filo, a temperatura
ambiente si la utiliza congelada

2 cucharadas de mantequilla fundida

sal y pimienta

1 Cueza las patatas en agua hirviendo durante 5 minutos. Escúrralas y resérvelas.

2 Mientras tanto, caliente el aceite en una cazuela y rehogue la carne picada, el puerro, el pimiento y los champiñones a fuego suave 5 minutos.

3 Agregue la harina y la pasta de tomate. Rehóguelo 1 minuto más. Incorpore el vino tinto y el caldo de carne poco a poco, removiendo, hasta que se espese. Añada el romero, sal y pimienta al gusto, y deje que se entibie.

4 Coloque 4 láminas de pasta filo sobre una superficie de trabajo o tabla. Recorte las láminas para obtener 4 cuadrados de 20 cm de lado.

5 Pinte los bordes de la pasta con un poco de mantequilla. Deposite una cuarta parte del relleno en el centro de cada cuadrado. Levante las esquinas y los lados de para formar hatillos, frunciendo los bordes para juntarlos. Asegúrese de que queden bien cerrados presionando la pasta, pues de otro modo el relleno se saldría.

6 Coloque los hatillos sobre una bandeja llana para el horno y píntelos con mantequilla. Cuézalos en el horno precalentado a 180 °C durante 20 minutos. Sírvalos calientes.

165

pastel de patata, carne y riñones

para 4 personas

225 g de patatas mantecosas
   cortadas en dados

2 cucharadas de mantequilla

450 g de carne magra cortada en
   dados

150 g de riñones de buey, limpios
   y picados

12 chalotes

1 cucharada de harina y un poco más

150 ml de caldo de carne

150 ml de cerveza de malta

225 g de pasta de hojaldre

1 huevo batido

sal y pimienta

1 Cueza las patatas en agua hirviendo durante 10 minutos. Escúrralas bien.

2 Mientras tanto, derrita la mantequilla en una cazuela y rehogue los dados de carne y los riñones 5 minutos, removiendo, hasta que la carne esté sellada por todos los lados.

3 Añada los chalotes y rehóguelos otros 3-4 minutos. Incorpore la harina. Gradualmente, vierta el caldo de carne y la cerveza, y llévelo a ebullición, sin dejar de remover.

4 Incorpore las patatas en el guiso y sazone con sal y pimienta. Baje la temperatura y cuézalo a fuego suave, tapado, durante 1 hora, removiendo de vez en cuando.

5 Coloque la preparación en una fuente para el horno. Extienda la pasta de hojaldre sobre una superficie enharinada hasta que sobresalga 1 cm del borde de la fuente.

6 Corte una tira de masa lo bastante larga y ancha como para que se ajuste al borde de la fuente. Pinte este último con huevo batido y presione la tira todo alrededor. Píntela con huevo batido y coloque la tapa de hojaldre por encima del relleno y de la tira. Pellizque los bordes contra el de la fuente para sellarla y píntela con huevo.

7 Cueza el pastel en el horno precalentado a 230 ºC durante 20-25 minutos o hasta que la pasta suba y esté dorada. Llévelo a la mesa en la misma fuente y sírvalo bien caliente.

pastel de carne y zanahoria

para 4 personas

450 g de carne de buey picada

1 cebolla picada

1 diente de ajo chafado

1 cucharada de harina

300 ml de caldo de carne

2 cucharadas de pasta de tomate

1 tallo de apio picado

3 cucharadas de perejil fresco picado

1 cucharada de salsa Worcestershire

675 g de patatas harinosas cortadas
   en dados

2 zanahorias grandes, en dados

2 cucharadas de mantequilla

3 cucharadas de leche

sal y pimienta

1 Saltee la carne sin aceite en una sartén grande a fuego vivo durante 3-4 minutos o hasta que esté sellada. Añada la cebolla y el ajo, y cueza 5 minutos más, removiendo.

2 Añada la harina y remueva 1 minuto más. Gradualmente, incorpore el caldo de carne y la pasta de tomate. Añada el apio, 1 cucharada de perejil y la salsa Worcestershire. Salpimente al gusto.

3 Llévelo a ebullición, y después cuézalo a fuego lento durante 20-25 minutos. Póngalo en una fuente para el horno de 1,1 litros de capacidad.

4 Mientras tanto, cueza las patatas y la zanahoria en agua hirviendo durante 10 minutos. Escúrralas y haga un puré.

5 Añada entonces al puré la mantequilla, la leche y el resto del perejil, y salpimente. Con una cuchara, extiéndalo por encima de la mezcla de carne hasta cubrirla por completo; también puede hacerlo con una manga pastelera.

6 Hornee el pastel en el horno precalentado a 190 ºC durante 45 minutos o hasta que esté bien cocido. Sírvalo caliente.

empanadillas de patata, carne y puerro

para 4 personas

mantequilla, para engrasar

225 g de patatas mantecosas
cortadas en dados

1 zanahoria pequeña, en dados

225 g de carne de buey cortada
en dados

1 puerro cortado en rodajas

225 g de pasta quebrada preparada

1 cucharada de mantequilla

1 huevo batido

sal y pimienta

ensalada, para acompañar

1 Engrase ligeramente una bandeja para el horno. Mezcle las patatas con la zanahoria, la carne y el puerro en un cuenco grande. Salpimente bien.

2 Divida la pasta quebrada en 4 partes. Extiéndalas con el rodillo sobre una superficie enharinada y forme 4 redondeles de 20 cm de diámetro.

3 Con una cuchara, deposite la mezcla en el centro de los redondeles, dejando un reborde libre de 1 cm. Reparta la mantequilla entre las 4 empanadillas. Pinte el reborde con un poco de huevo batido.

4 Doble la masa por encima del relleno y pellizque los bordes para cerrarlos.

5 Coloque las empanadillas sobre la bandeja de hornear y píntelas con el huevo batido.

6 Áselas en el horno precalentado a 200 ºC durante 20 minutos. Baje la temperatura a 160 ºC y hornéelas otros 30 minutos, hasta que estén listas.

7 Sirva las empanadillas con una ensalada o con salsa de cebolla.

169

pastel de pastor

para 4-5 personas

700 g de carne magra de cordero
o de buey picada

2 cebollas picadas

225 g de zanahorias en dados

1-2 dientes de ajo chafados

1 cucharada de harina

200 ml de caldo de carne

200 g de tomate triturado de lata

1 cucharadita de salsa Worcestershire

1 cucharadita de salvia u orégano
frescos picados o $^1/_2$ cucharadita
de salvia u orégano secos

675 g de patatas

2 cucharadas de mantequilla o
margarina

3-4 cucharadas de leche desnatada

125 g de champiñones pequeños
cortados en láminas (opcional)

sal y pimienta

VARIACIÓN

Prepare como cobertura una
mezcla de patata y chirivía o de
patata y nabo hervidos.

---

1 Ponga la carne en una sartén de base gruesa y, sin añadir ningún tipo de grasa, dórela ligeramente a fuego lento, removiendo a menudo.

2 Añada la cebolla, la zanahoria y el ajo y rehóguelo a fuego lento durante unos 10 minutos. Incorpore la harina, siga rehogándolo 2-3 minutos más y después añada poco a poco el caldo y el tomate, y llévelo a ebullición.

3 Agregue la salsa Worcestershire, las hierbas, sal y pimienta, tape la sartén y déjelo cocer a fuego lento unos 25 minutos, removiendo varias veces.

4 Cueza las patatas en agua con sal hirviendo hasta que estén tiernas; escúrralas y cháfelas con la mantequilla o margarina, sal, pimienta y la cantidad de leche necesaria para obtener un puré consistente. Póngalo en una manga pastelera provista de una boquilla acanalada grande.

5 Añada los champiñones a la carne y rectifique la sazón. Ponga la carne en una fuente llana para el horno.

6 Con la manga pastelera, extienda el puré sobre el relleno de carne, formando cordones gruesos. Cueza el pastel en el horno precalentado a 200 °C durante unos 30 minutos o hasta que la superficie del puré de patata adquiera un intenso color dorado. Lleve el pastel de pastor a la mesa bien caliente.

moussaka de cordero y patata

para 4 personas

1 cebolla grande cortada en rodajas

1 cucharada de aceite de oliva o
   vegetal

1 cebolla picada

1 diente de ajo chafado

350 g de carne magra de cordero
   picada

250 g de champiñones en láminas

1 lata de 425 g de tomate triturado
   a las hierbas

150 ml de caldo de cordero o
   vegetal

2 cucharadas de harina de maíz

2 cucharadas de agua

500 g de patatas, hervidas durante
   10 minutos y cortadas en rodajas

2 huevos

125 g de queso tierno bajo en grasa

150 ml de yogur natural bajo en
   grasa

55 g de queso cheddar maduro bajo
   en grasa, rallado

sal y pimienta

perejil fresco para decorar

ensalada verde para acompañar

1 Ponga las rodajas de berenjena en un plato y esparza sal por encima para que desprendan el jugo amargo. Pasados 10 minutos, déles la vuelta y espolvoréelas por el otro lado. Al cabo de 10 minutos, aclárelas y escúrralas.

2 Mientras, caliente el aceite en una sartén y sofría la cebolla y el ajo durante 3-4 minutos. Añada el cordero y los champiñones, y saltéelos 5 minutos, hasta que se doren. Incorpore el tomate y el caldo, llévelo a ebullición y déjelo cocer a fuego lento 10 minutos. Diluya la harina de maíz en el agua y viértala en la sartén. Déjelo cocer un poco más, removiendo, para que el jugo se espese.

3 Ponga la mitad del sofrito en una fuente para el horno. Cúbralo con las rodajas de berenjena y distribuya sobre éstas la carne restante. Forme una última capa con la patata

4 Bata juntos los huevos, el queso tierno y el yogur, y salpimente. Vierta esta mezcla sobre las patatas de modo que las cubra por completo. Espolvoree con el queso rallado.

5 Cueza la *moussaka* en el horno precalentado a 190 °C durante 45 minutos, hasta que la cobertura haya cuajado y tenga un bonito color dorado. Decore el plato con perejil y acompáñelo con una ensalada verde.

salteado de cordero al curry

para 4 personas

450 g de patatas cortadas en dados

450 g de carne magra de cordero cortada en dados

2 cucharadas de pasta de curry

3 cucharadas de aceite de girasol

1 cebolla cortada en rodajas

1 berenjena cortada en dados

2 dientes de ajo chafados

1 cucharada de jengibre rallado

150 ml de caldo de cordero o buey

sal

2 cucharadas de cilantro picado

SUGERENCIA

El wok es una antiguo invento chino; su nombre procede del cantonés y significa "recipiente para cocinar".

VARIACIÓN

Sustituya el cordero por trocitos de pechuga de pollo deshuesada y sin piel, y use caldo de pollo en lugar del de carne.

1 Llene de agua una cazuela grande y añádale sal. Llévela a ebullición y cueza las patatas durante 10 minutos, aproximadamente. A continuación, sáquelas del agua con una espumadera y escúrralas bien.

2 Mientras tanto, ponga la carne en un cuenco grande. Añada la pasta de curry y remuévalo hasta que todos los trozos queden bien recubiertos.

3 Caliente un wok en seco, vierta el aceite de girasol y caliéntelo.

4 Saltee la cebolla, la berenjena, el ajo y el jengibre durante unos 5 minutos.

5 Incorpore la carne y siga salteando durante 5 minutos más.

6 Vierta el caldo de carne en el wok y añada las patatas sancochadas. Llévelo a ebullición y deje que el cordero cueza a fuego lento durante 30 minutos o hasta que esté tierno.

7 Reparta el cordero al curry entre los platos individuales calientes y adórnelos con cilantro picado. Sírvalo inmediatamente.

masala de cordero y patata

para 4 personas

750 g de carne magra de cordero
(de la pierna)

3 cucharadas de *ghee* o de aceite
vegetal

500 g de patatas, peladas y
cortadas en trozos de 2,5 cm

1 cebolla grande, cortada en cuartos
y después en rodajas

2 dientes de ajo pelados y
chafados

175 g de champiñones cortados
en láminas gruesas

280 g de salsa *tikka masala curry*

300 ml de agua

3 tomates cortados por la mitad
y después en rodajas finas

125 g de espinacas, lavadas y
con los tallos cortados

sal

ramitas de menta fresca para
adornar

1 Corte la carne en dados de 2 cm. Caliente la mantequilla o el aceite en una sartén grande y sofríala a fuego medio durante 3 minutos o hasta que la superficie esté sellada. Saque la carne de la sartén.

2 Ponga en la sartén las patatas, la cebolla, el ajo y los champiñones, y sofríalos durante 3-4 minutos, removiendo.

3 Incorpore la salsa, el agua, el cordero y sal; mezcle bien, tape

el recipiente y deje cocer la preparación a fuego lento durante 1 hora o hasta que la carne esté tierna, removiendo de vez en cuando.

4 Añada las rodajas de tomate y las espinacas, tape de nuevo la sartén y prolongue la cocción durante 10 minutos más, hasta que las espinacas estén tiernas.

5 Sirva la *masala* muy caliente, en platos individuales adornados con ramitas de menta.

albóndigas en salsa picante

para 4 personas

225 g de patatas harinosas en dados

225 g de carne de vacuno o cordero
   picada

1 cebolla finamente picada

1 cucharada de cilantro fresco picado

1 tallo de apio finamente picado

2 dientes de ajo chafados

25 g de mantequilla

1 cucharada de aceite vegetal

sal y pimienta

cilantro fresco picado, para decorar

SALSA:

1 cucharada de aceite vegetal

1 cebolla finamente picada

2 cucharaditas de azúcar moreno
   fino

1 lata de 400 g de tomate troceado

1 guindilla verde picada

1 cucharadita de pimentón

150 ml de caldo de verduras

2 cucharaditas de harina de maíz

1 Cueza las patatas en agua
hirviendo durante 10 minutos o
hasta que estén tiernas. Escúrralas bien
y páselas a un cuenco grande. Haga un
puré fino.

2 Incorpore la carne picada, la
cebolla, el cilantro, el apio y el ajo
y mézclelo todo bien.

3 Junte la masa con las manos y
forme 20 pequeñas albóndigas.

4 Para la salsa, caliente el aceite
en una cazuela y saltee la cebolla
5 minutos. Incorpore el resto de los
ingredientes y llévelo a ebullición,
removiendo. Cuézalo a fuego lento
durante 20 minutos.

5 Mientras tanto, caliente en una
sartén la mantequilla y el aceite
para freír las albóndigas. Vaya
friéndolas en tandas, de 10-15 minutos
cada una, hasta que estén doradas,

dándoles la vuelta varias veces.
Manténgalas calientes mientras fríe
el resto. Disponga las albóndigas en
una fuente caliente, vierta la salsa por
encima y espolvoree con el cilantro
para decorar el plato.

horneado de patatas bravas

para 4 personas

675 g de patatas mantecosas
   cortadas en dados

3 cucharas de aceite de oliva

1 cebolla, cortada en rodajas

2 dientes de ajo chafados

400 g de tomates pera de lata,
   picados

75 g de chorizo cortado en rodajas

1 pimiento verde cortado en tiras

$\frac{1}{2}$ cucharadita de pimentón

25 g de aceitunas negras sin hueso
   partidas por la mitad

8 huevos

1 cucharada de perejil fresco picado

sal y pimienta

pan crujiente para acompañar

VARIACIÓN

Si desea potenciar el picante,
añada 1 cucharadita de guindilla
molida en el paso 4.

1 Cueza las patatas en agua salada hirviendo durante 10 minutos. Escúrralas y resérvelas.

2 Caliente el aceite de oliva en una sartén grande y sofría la cebolla y el ajo a fuego suave 2-3 minutos, hasta que la cebolla esté transparente.

3 Añada el tomate y déjelo cocer a fuego lento, removiendo de vez en cuando, durante 10 minutos, hasta que el jugo se haya reducido ligeramente.

4 Incorpore la patata, el chorizo, el pimiento verde, el pimentón y las aceitunas. Salpimente. Rehóguelo todo durante 5 minutos y después páselo a una bandeja para el horno.

5 Forme 8 hoyos entre las patatas con el dorso de una cuchara y casque un huevo sobre cada uno de ellos. Salpimente los huevos.

6 A continuación, introduzca la bandeja en el horno precalentado a 220 ºC de temperatura y déjela durante 5-6 minutos, o hasta que los huevos estén cuajados.

7 Espolvoree el plato con perejil picado y sírvalo inmediatamente, acompañado con pan crujiente.

pastel de patata, salchicha y cebolla

para 4 personas

2 patatas mantecosas grandes, sin
pelar, cortadas en rodajas

25 g de mantequilla

4 salchichas gruesas de cerdo a las
hierbas

1 puerro cortado en rodajas

2 dientes de ajo chafados

150 ml de caldo de verduras

150 ml de sidra seca o zumo de
manzana

2 cucharadas de salvia fresca picada

2 cucharadas de harina de maíz

4 cucharadas de agua

75 g de queso de sabor fuerte rallado

sal y pimienta

1 Cueza las patatas en agua
hirviendo durante 10 minutos.
Escúrralas y resérvelas.

2 Mientras, derrita la mantequilla
en una sartén y fría las salchichas
8-10 minutos, dándoles la vuelta varias
veces para que se doren por todos los
lados. Retire las salchichas de la sartén
y córtelas en rodajas gruesas.

3 En la sartén, fría el puerro y el
ajo durante 2-3 minutos con
las rodajas de salchicha.

4 Agregue el caldo de verduras,
la sidra o el zumo de manzana
y la salvia picada. Salpimente.

5 Deslía la harina de maíz en el
agua, viértala en la sartén y,
removiendo, deje que el guiso hierva
hasta que la salsa esté espesa y clara.
Póngalo en una fuente para el horno.

6 Extienda capas de rodajas de
patata sobre el relleno hasta
cubrirlo por completo. Salpimente
y espolvoree con el queso rallado.

7 Cueza el pastel en el horno
precalentado a 190 °C durante
25-30 minutos o hasta que las patatas
estén cocidas y el queso se haya
dorado. Sírvalo caliente.

sartenada de patata, tomate y salchichas

para 4 personas

600 g de patatas en rodajas

1 cucharada de aceite vegetal

8 salchichas sazonadas

1 cebolla roja cortada en 8 trozos

1 cucharada de pasta de tomate

150 ml de vino tinto

150 ml de *passata* (preparación
    italiana de tomate triturado)

2 tomates grandes cortados en
    8 gajos

175 de ramitos de brécol escaldados

2 cucharadas de albahaca picada

sal y pimienta

albahaca cortada en tiras

1 Cueza las patatas en una cazuela con agua hirviendo durante 7 minutos. Escúrralas bien y resérvelas.

2 Mientras tanto, caliente el aceite en una sartén grande. Incorpore las salchichas y fríalas durante 5 minutos, dándoles la vuelta con frecuencia para que se doren por todos los lados.

3 Añada los trozos de cebolla y siga friendo otros 5 minutos más; vaya removiendo con frecuencia.

4 Agregue la *passata* y la pasta de tomate, así como el vino, y mezcle bien. A continuación, añada el tomate fresco, el brécol y la albahaca picada, y mézclelo todo con cuidado.

5 Incorpore las rodajas de patata sancochadas a la sartén. Rehóguelo otros 10 minutos o hasta que las salchichas estén totalmente cocidas. Salpimente al gusto.

6 Decore la sartenada con tiras de albahaca fresca y sírvala caliente.

ternera a la italiana

para 4 personas

5 cucharadas de mantequilla

1 cucharada de aceite de oliva

675 g de patatas cortadas en dados

4 filetes de ternera, de unos
175 g cada uno

1 cebolla cortada en 8 trozos

2 dientes de ajo chafados

2 cucharadas de harina

2 cucharadas de pasta de tomate

150 ml de vino tinto

300 ml de caldo de pollo

8 tomates maduros, pelados, sin
pepitas y cortados en dados

25 g de aceitunas negras sin hueso,
partidas por la mitad

2 cucharadas de albahaca fresca

sal y pimienta

SUGERENCIA

Para que la carne se cueza más
rápido y quede muy tierna,
golpee los filetes con una maza
antes de iniciar la cocción.

1 Caliente la mantequilla y el aceite en una sartén grande. Fría las patatas durante unos 5-7 minutos, removiendo a menudo, hasta que empiecen a dorarse.

2 Retire las patatas de la sartén con una espumadera y deje que escurran sobre papel absorbente.

3 Fría la carne en la sartén unos 2-3 minutos por cada lado, hasta que esté sellada. Retírela de la sartén y resérvela.

4 Rehogue entonces en la misma sartén la cebolla y el ajo, durante unos 2-3 minutos.

5 Añada la harina y la pasta de tomate, y rehóguelo 1 minuto. Sin dejar de remover, vierta poco a poco el vino y el caldo de pollo, hasta obtener una salsa suave.

6 Vuelva a colocar las patatas y la carne en la sartén; después los tomates, las aceitunas y la albahaca picada. Sazone con sal y pimienta.

7 Pase el guiso a una fuente para el horno y cuézalo 1 hora en el horno precalentado a 180 °C, o hasta que las patatas y la carne estén bien cocidas. Adórnelo con hojas de albahaca fresca y sírvalo de inmediato.

pastel de patata y brécol

para 4 personas

450 g de patatas mantecosas,
   cortadas en trozos grandes
2 cucharadas de mantequilla
1 cucharada de aceite vegetal
175 g de carne magra de cerdo
   cortada en dados
1 cebolla roja cortada en 8 trozos
2 1/2 cucharadas de harina, y un poco
   más para espolvorear
150 ml de caldo de verduras
150 ml de leche
75 g de queso dolcelatte
   desmenuzado
175 g de ramitos de brécol
25 g de nueces
225 g de pasta de hojaldre
   preparada
leche para el glaseado
sal y pimienta

SUGERENCIA

Si lo prefiere, utilice un queso
semiseco, como un cheddar
maduro, en lugar del dolcelatte.

1 Cueza las patatas troceadas en agua hirviendo 5 minutos. Escúrralas y resérvelas.

2 Mientras tanto, caliente la mantequilla y el aceite en una sartén de base gruesa y sofría la carne durante 5 minutos, removiendo, hasta que se dore.

3 Agregue la cebolla y rehóguela otros 2 minutos. Incorpore la harina y rehóguela 1 minuto; vierta el caldo de verduras y la leche, despacio. Llévelo a ebullición, removiendo.

4 Incorpore el queso, el brécol, las patatas y las nueces; cuézalo todo junto 5 minutos a fuego lento. Salpimente y pase la preparación a una fuente para empanadas.

5 Sobre una superficie enharinada, extienda la pasta de hojaldre con el rodillo hasta que sobresalga 2,5 cm del borde la fuente. Recorte una tira de 2,5 cm de ancho. Humedezca el borde de la fuente y coloque la tira de pasta alrededor. Píntela con leche y coloque la tapa de masa encima.

6 Selle pellizcando los bordes. Haga 2 pequeñas incisiones en el centro de la tapa. Píntela con leche y cueza el pastel en el horno precalentado a 200 ºC durante 25 minutos o hasta que el hojaldre suba y esté dorado.

albóndigas con salsa de lentejas

para 6 personas

200 g de *masoor dhal* (variedad
de lentejas)

850 ml de agua

1 cucharadita de jengibre fresco
chafado

1 cucharadita de ajo chafado

½ cucharadita de cúrcuma molida

1½ cucharaditas de guindilla molida

1½ cucharaditas de sal

3 cucharadas de zumo de limón

1 lata de 450 g de albóndigas de
carne

BAGHAAR:

150 ml de aceite vegetal

3 dientes de ajo

4 guindillas rojas secas

1 cucharadita de semillas de comino
blanco

PATATAS FRITAS:

1 pizca de sal

2 patatas medianas en rodajas finas

300 ml de aceite vegetal

1 Aclare las lentejas y escójalas
bien, para quitar cualquier
piedrecita que pueda haber mezclada
entre ellas.

2 Ponga las lentejas en una cazuela
y cúbralas con 600 ml de agua.
Añada el jengibre, el ajo, la cúrcuma
y la guindilla en polvo, llévelo a
ebullición y cuézalo hasta que las
lentejas estén casi deshechas.

3 Chafe las lentejas y páselas por
un tamiz, recogiendo el líquido.
Incorpore en él el zumo de limón.

4 Mezcle el resto del agua con
el jugo de lentejas y llévelo a
ebullición a fuego lento. Disponga
las albóndigas en la salsa y
manténgalas calientes.

5 Prepare el *baghaar*: caliente el
aceite en una sartén. Añada el
ajo, las guindillas rojas secas y las
semillas de comino blanco; sofríalo
todo durante 2 minutos. Vierta el
baghaar sobre las albóndigas con
su salsa de lentejas y remuévalo.

6 Frote con sal las rodajas de
patata. Caliente el aceite en
una sartén y fríalas hasta que estén
crujientes. Acompañe las albóndigas
en salsa de lentejas con las patatas
fritas y adórnelas con guindilla picada
y hojas de cilantro fresco.

pastel de pollo rápido

para 4 personas

500 g de pollo cortado en trozos
    pequeños

1 cebolla grande picada

2 zanahorias picadas

2 cucharadas de harina

1 cucharada de pasta de tomate

300 ml de caldo de pollo

1 pizca de tomillo fresco

1½ kg de patatas chafadas con
    mantequilla y leche, y bien
    sazonadas

75 g de queso cheddar rallado

sal y pimienta

guisantes cocidos, para acompañar

1 Dore los trocitos de pollo, la cebolla y la zanahoria en una sartén antiadherente a fuego suave, removiendo con frecuencia.

2 Al cabo de unos 5 minutos, espolvoree el pollo con la harina y sofríalo todo 2 minutos más.

3 Incorpore la pasta de tomate y el caldo, y cuézalo a fuego lento durante 15 minutos. Salpimente y añada el tomillo.

4 Pase el el guiso de pollo y verduras a una fuente para el horno y deje que se enfríe.

5 Ponga por encima el puré de patata y esparza el queso. Cueza el pastel en el horno precalentado a 200 ºC durante unos 20 minutos o hasta que el queso esté dorado y chisporrotee. Llévelo a la mesa en la misma fuente, y acompañe el plato con los guisantes.

tarta de patata crujiente

para 4 personas

2 patatas mantecosas grandes
   cortadas en rodajas
5 cucharadas de mantequilla
1 filete de pechuga de pollo sin piel,
   de unos 175 g
2 dientes de ajo chafados
4 cebolletas cortadas en rodajas
2$\frac{1}{2}$ cucharadas de harina
150 ml de vino blanco seco
150 ml de nata líquida espesa
225 g de ramitos de brécol
4 tomates grandes en rodajas
85 g de queso gruyer en lonchas
225 ml de yogur natural
25 g de copos de avena tostados

1 Cueza las patatas en agua hirviendo durante 10 minutos. Escúrralas y resérvelas.

2 Derrita la mantequilla en una sartén. Corte el pollo en tiras y fríalo 5 minutos, dándole la vuelta. Añada el ajo y la cebolleta, y rehóguelo todo 2 minutos más.

3 Agregue la harina y rehóguelo 1 minuto. Poco a poco, vierta el vino y la nata. Llévelo a ebullición, removiendo, reduzca la temperatura hasta que deje de hervir y cuézalo a fuego suave durante 5 minutos.

4 Escalde el brécol en agua hirviendo, escúrralo y páselo bajo el chorro de agua fría.

5 Extienda la mitad de las patatas en una fuente para el horno y por encima, la mitad del tomate y del brécol.

6 Con una cuchara, extienda por encima el guiso de pollo y repita las capas en el mismo orden.

7 Disponga el gruyer y a continuación vierta el yogur. Espolvoree con los copos de avena y cueza la tarta en el horno precalentado a 200 °C durante 25 minutos, hasta que la parte de encima esté bien dorada. Sírvala de inmediato.

pollo a la jardinera

para 4 personas

250 g de nabos negros pelados
   y picados

2 zanahorias pequeñas picadas

25 g de pan rallado fresco

$1/4$ de cucharadita de nuez moscada
   recién rallada

1 cucharada de perejil fresco picado,
   y un poco más para adornar

$1^1/_2$ kg de pollo

1 manojo de perejil fresco

$1/2$ cebolla cortada en gajos

2 cucharadas de mantequilla
   ablandada

4 cucharadas de aceite de oliva

500 g de patatas nuevas limpias

500 g de zanahorias tiernas limpias

sal y pimienta

SUGERENCIA

Para obtener 25 g de pan rallado
fresco, quite la corteza de
1 rebanada de pan gruesa o de
2 rebanadas finas, y triture la
miga en un robot de cocina unos
durante segundos. Así evitará
hacerse daño con el rallador
en los nudillos.

1 Para hacer el relleno, ponga el nabo y la zanahoria en una cazuela, cúbralos con agua y llévelo a ebullición. Tape el recipiente y cuézalo a fuego lento hasta que todo esté tierno. Escurra y triture las hortalizas, y ponga el puré en un cuenco; deje que se enfríe.

2 Mezcle el pan rallado, la nuez moscada y el perejil picado, y salpimente.

3 Introduzca el relleno por el cuello del pollo y meta un poco bajo la piel de la pechuga. Asegure el doblez de la piel con una broqueta de metal pequeña o con un palillo de cóctel.

4 Meta el manojo de perejil y la cebolla en la cavidad del pollo, y a continuación dispóngalo en una fuente grande para asados.

5 Extienda la mantequilla sobre la piel del pollo y salpiméntelo. Cúbralo con papel de aluminio y áselo en el horno precalentado a 190 °C durante 30 minutos.

6 Mientras tanto, caliente el aceite en una sartén y dore las patatas.

7 Póngalas en la fuente del asado y añada las zanahorias tiernas. Aliñe el pollo con la grasa que haya soltado y continúe asándolo durante 1 hora. Al cabo de 30 minutos, rocíe con la grasa el pollo y las hortalizas. Quite el papel de aluminio durante los últimos 20 minutos, para que la piel del pollo quede crujiente. Espolvoree las patatas y las zanahorias con perejil picado, y lleve el asado a la mesa.

estofado cremoso de pollo y patata

para 4 personas

2 cucharadas de aceite vegetal

5 cucharadas de mantequilla

4 porciones de pollo, de unos
225 g cada una

2 puerros cortados en rodajas

1 diente de ajo chafado

4 cucharadas de harina

850 ml de caldo de pollo

300 ml de vino blanco seco

125 g de zanahorias tiernas,
cortadas por la mitad a lo largo

125 g de mazorquitas de maíz,
cortadas por la mitad a lo largo

450 g de patatas nuevas pequeñas

1 ramillete de hierbas

150 ml de nata líquida espesa

sal y pimienta

arroz o brécol, para servir

1 Caliente el aceite y la mantequilla en una sartén grande. Incorpore el pollo y fríalo durante 10 minutos, dándole la vuelta hasta que esté dorado por todos los lados. Con una espumadera, páselo a una cazuela.

2 Rehogue el puerro y el ajo en la sartén 2-3 minutos, removiendo. Añada la harina y rehóguelo 1 minuto más. Retire la sartén del fuego y añada el caldo y el vino. Salpimente bien.

3 Vuelva a colocar la sartén al fuego y lleve el caldo a ebullición. Incorpore luego las zanahorias, las mazorquitas, las patatas y el ramillete de hierbas.

4 Vierta la preparación en una cazuela. Tápela y cueza el estofado en el horno precalentado a 180 °C durante 1 hora aproximadamente.

5 Retire el estofado del horno y añada la nata líquida. Cuézalo en el horno, sin tapar, 15 minutos más. Retire el ramillete de hierbas. Pruebe y rectifique de sal si es necesario. Sirva el estofado con arroz blanco o verduras frescas, como por ejemplo brécol.

pastelitos de pollo y plátano

para 4 personas

450 g de patatas harinosas cortadas
   en dados
225 g de carne de pollo picada
1 plátano grande
2 cucharadas de harina
1 cucharadita de zumo de limón
1 cebolla finamente picada
2 cucharadas de salvia fresca picada
2 cucharadas de mantequilla
2 cucharadas de aceite vegetal
150 ml de nata líquida
150 ml de caldo de pollo
sal y pimienta
hojas de salvia fresca, para decorar

1 Cueza las patatas en agua hirviendo 10 minutos, hasta que estén bien tiernas. Escúrralas y haga un puré suave. A continuación, añada el pollo.

2 Triture el plátano y agréguelo también, junto con la harina, el zumo de limón, la cebolla y la mitad de la salvia picada. Salpimente y mezcle bien.

3 Divida la masa en 8 porciones iguales. Con las manos ligeramente enharinadas, forme otras tantas tortas gruesas.

4 Caliente la mantequilla y el aceite en una sartén, y fría los pastelitos durante 12-15 minutos o hasta que estén hechos, dándoles la vuelta una vez. Manténgalos calientes.

5 Vierta la nata líquida y el caldo en la sartén, y añada el resto de la salvia. Déjelo hacerse a fuego suave durante 2-3 minutos.

6 Disponga los pastelitos en una fuente, adorne con las hojas de salvia y sírvalos con la salsa cremosa.

193

pastel de patata, puerro y pollo

para 4 personas

225 g de patatas mantecosas
   cortadas en dados

5 cucharadas de mantequilla

1 pechuga de pollo sin piel ni hueso,
   de unos 175 g, cortada en dados

1 puerro cortado en rodajas

150 g de champiñones en láminas

2$^1/_2$ cucharadas de harina

300 ml de leche

1 cucharada de mostaza de Dijon

2 cucharadas de salvia fresca picada

225 g de pasta filo, a temperatura
   ambiente si la utiliza congelada

3 cucharadas de mantequilla fundida

sal y pimienta

1 Cueza los dados de patata en agua hirviendo 5 minutos. Escúrralos y resérvelos.

2 Derrita la mantequilla en una sartén y fría los dados de pollo durante 5 minutos, hasta que estén bien dorados.

3 Añada los champiñones y el puerro, y fríalo otros 3 minutos, removiendo. Agregue la harina y rehóguelo 1 minuto más. Poco a poco, incorpore la leche y llévelo a ebullición. Añada la mostaza, la salvia picada y las patatas, y cuézalo a fuego suave durante 10 minutos. Salpimente.

4 Mientras tanto, forre una fuente honda para el horno con la mitad de las hojas de pasta filo. Ponga el relleno dentro y cúbralo con una lámina de pasta. Píntela con mantequilla y coloque otra lámina encima. Píntela.

5 Recorte el resto de la pasta filo en tiras y dóblelas por encima de la empanada para crear un efecto de fruncido. Pinte las tiras con la mantequilla derretida y cueza el pastel en el horno precalentado a 180 °C durante 45 minutos o hasta que esté dorado y crujiente. Sírvalo caliente.

SUGERENCIA

Si la cobertura empieza
a dorarse demasiado pronto,
cúbrala con papel de aluminio;
así el pastel tendrá tiempo
de cocerse sin que se queme
el adorno.

horneado de pollo y patata

para 4 personas

2 cucharadas de aceite de oliva

4 pechugas de pollo sin grasa

1 manojo de cebolletas, lavadas
y picadas

350 g de zanahorias tiernas,
raspadas y cortadas en rodajas

125 g de judías verdes tiernas,
despuntadas y cortadas en trozos

600 ml de caldo de pollo

350 g de patatas nuevas, con la piel
muy limpia

1 manojo pequeño de hierbas
frescas variadas, por ejemplo
tomillo, romero, laurel y perejil

2 cucharadas de harina de maíz

2-3 cucharadas de agua fría

sal y pimienta

ramitas de hierbas frescas para
adornar

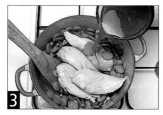

1 En una cazuela que pueda ir al horno, sofría las pechugas a fuego lento con el aceite caliente durante unos 5-8 minutos, hasta que estén doradas por ambos lados. Sáquelas de la cazuela con una rasera y resérvelas.

2 En la cazuela, sofría a fuego lento la cebolleta, la zanahoria y las judías verdes durante 3-4 minutos.

3 Vuelva a poner el pollo en la cazuela y agregue el caldo, las patatas y las hierbas. Salpimente. Llévelo a ebullición, tape el recipiente y métalo en el horno precalentado a 190 °C. Cuézalo durante 40-50 minutos, hasta que las patatas estén tiernas.

4 Diluya la harina de maíz en el agua fría e incorpórela; remueva hasta que se diluya en el jugo y lo espese. Tape la cazuela y déjela en el horno 5 minutos más. Sirva esta preparación muy caliente, adornada con hierbas frescas.

pastel de patata y pavo

para 4 personas

300 g de patatas mantecosas
    cortadas en dados

2 cucharadas de mantequilla

1 cucharada de aceite vegetal

300 g de carne magra de pavo
    cortada en dados

1 cebolla roja en rodajas

2 cucharadas de harina

300 ml de leche

150 ml de nata líquida espesa

2 tallos de apio cortados en rodajas

75 g de orejones de albaricoque
    picados

25 g de nueces troceadas

2 cucharadas de perejil picado

225 g de pasta quebrada preparada

huevo batido para pintar

sal y pimienta

1 Cueza las patatas en agua hirviendo durante 10 minutos, hasta que estén tiernas. Escúrralas y resérvelas.

2 Mientras tanto, caliente la mantequilla y el aceite vegetal en una sartén de base gruesa. Añada el pavo y fríalo durante 5 minutos, removiendo, hasta que se dore.

3 Agregue la cebolla y fría 2-3 minutos más. Incorpore la harina y rehóguelo 1 minuto. Vierta poco a poco la leche y la nata . Llévelo a ebullición, removiendo, y después baje el fuego hasta que deje de hervir.

4 Añada el apio, los orejones, las nueces, el perejil y las patatas. Salpimente. Disponga la preparación en una fuente para el horno pequeña.

5 Extienda la masa hasta que sobresalga 2,5 cm del borde de la fuente. Recorte una tira de 2,5 cm de ancho y colóquela alrededor del borde humedecido. Píntela con agua y ponga la masa por encima de la preparación, presionando sobre la tira para sellarla.

6 Pinte la tapa del pastel con huevo batido y cuézalo en el horno precalentado a 200 °C durante 25-30 minutos o hasta que la pasta esté cocida y dorada. Sírvalo inmediatamente.

Pescado

Es innegable que el pescado y las patatas combinan perfectamente. En estas recetas, las patatas se utilizan de diversos modos con el fin de realzar el sabor del pescado. Se emplean para formar una cobertura crujiente sobre el bacalao y, reducidas a puré, constituyen la base de pasteles y frituras de pescado. Cortadas en rodajas, se usan en los pasteles formados por varias capas de ingredientes, y salteadas con chalotes constituyen el acompañamiento perfecto para un salmonete envuelto en jamón curado. Y por si fuera poco, los platos que aquí se presentan son muy saludables, ya que contienen un alto valor nutritivo.

buñuelos de bacalao salado

para 6 personas

450 g de bacalao salado

350 g de patatas harinosas para asar

1 cucharada de aceite de oliva y más
para freír los buñuelos

1 cebolla picada muy fina

1 diente de ajo chafado

4 cucharadas de perejil o cilantro
fresco picado

1 cucharada de alcaparras,
escurridas y picadas (opcional)

1 huevo pequeño ligeramente batido

sal y pimienta

perejil fresco para adornar

alioli para acompañar

1 Corte el bacalao en trozos y
póngalos en un cuenco. Cúbralos
con agua y déjelos en remojo 48 horas,
cambiando el agua 4 veces.

2 Escurra el bacalao y cuézalo
en agua hirviendo durante
20-25 minutos, hasta que esté tierno.
Escúrralo de nuevo y quite la piel y
las espinas. Desmenúcelo con un
tenedor, pero no demasiado, de
manera que los trocitos conserven
su textura.

3 Hierva las patatas con la piel hasta
que estén tiernas. Escúrralas,
pélelas y cháfelas con un tenedor.

4 Caliente 1 cucharada de aceite
en una sartén. Fría la cebolla y
el ajo durante 5 minutos, removiendo,
de modo que queden tiernos pero
no muy dorados. Sáquelos con una
espumadera y deje que se escurran
sobre papel absorbente.

5 Incorpore el bacalao y el sofrito
a la patata. Añada el perejil y las
alcaparras. Salpimente bien.

6 Agregue el huevo batido. Cubra
la preparación con plástico de
cocina y déjela en la nevera 30 minutos
como mínimo; cuando esté fría,
rectifique la sazón.

7 Vierta 4 dedos de aceite en una
freidora eléctrica o una cazuela y
caliéntelo a 180-190 ºC o hasta que un
dado de pan se dore en 30 segundos.
Deje caer cucharadas de la pasta de
bacalao en el aceite y fría los buñuelos
unos 8 minutos o hasta que estén muy
dorados y firmes. No fría más de 6 a la

vez, porque el aceite se enfriaría
y quedarían grasientos. Con esta
cantidad de pasta deberían salir
unos 18 o 20 buñuelos.

8 Escurra los buñuelos sobre papel
de cocina. Sírvalos calientes, con
un bol de alioli para ir mojándolos, y
adornados con perejil.

quiche de atún y queso

para 4 personas

450 g de patatas harinosas cortadas
   en dados

2 cucharadas de mantequilla

6 cucharadas de harina, y un poco
   más para espolvorear

RELLENO:

1 cucharada de aceite vegetal

1 chalote picado

1 diente de ajo chafado

1 pimiento rojo cortado en dados

1 lata de 175 g de atún en su jugo,
   escurrido

50 g de maíz en conserva, escurrido

150 ml de leche

3 huevos batidos

1 cucharada de eneldo fresco picado

50 g de queso de sabor fuerte bajo
   en grasa, rallado

sal y pimienta

verduras variadas o ensalada, para
   acompañar

PARA ADORNAR:

ramitas de eneldo fresco

gajos de limón

1 Hierva las patatas en agua
   durante 10 minutos o hasta
que estén tiernas.

2 Escúrralas y haga un puré. Añada
   la mantequilla y la harina, y forme
una pasta.

3 Trabaje la masa sobre una
   superficie enharinada y presiónela
en un molde redondo de 20 cm. Pinche
la base con un tenedor. Fórrela con
papel vegetal y ponga encima pesos
para cocerla 20 minutos en vacío, en
el horno precalentado a 200 °C.

4 Caliente el aceite en una sartén y
   fría el chalote, el ajo y el pimiento
5 minutos. Escúrralo y colóquelo sobre
la masa. Esparza el maíz y el atún
desmenuzado por encima.

5 En un bol, mezcle la leche con
   el huevo y el eneldo. Salpimente.

6 Vierta sobre la base de la *quiche*
   la mezcla de huevo y espolvoree
con el queso rallado.

7 Cueza la *quiche* en el horno unos
   20 minutos o hasta que el relleno
cuaje. Adorne con eneldo fresco y gajos
de limón. Sírvala con verduras variadas
o una ensalada.

bacalao con patatas fritas

para 4 personas

675 g de patatas

4 filetes de bacalao

aceite para freír

PASTA PARA REBOZAR:

15 g de levadura fresca

300 ml de cerveza

225 g de harina

¹/₂ cucharadita de sal

MAYONESA:

1 yema de huevo

1 cucharadita de mostaza de grano
    entero

1 cucharadita de zumo de limón

200 ml de aceite de oliva suave

sal, pimienta y perejil

1 Mezcle la levadura con un poco de cerveza para obtener una pasta fina. Incorpore poco a poco la cerveza restante. Tamice la harina y la sal sobre un cuenco, haga un hoyo en el centro y añada la levadura diluida. Mezcle hasta obtener una pasta lisa. Cúbrala con plástico de cocina y déjela reposar durante 1 hora.

2 Para hacer la mayonesa, ponga la yema de huevo, la mostaza, el zumo de limón, sal y pimienta en el vaso de la batidora y bata 30 segundos.

Añada el aceite de oliva gota a gota, hasta que la salsa se empiece a espesar. Siga añadiendo el aceite, hasta acabarlo, en un chorrito uniforme. Rectifique la sazón. Si queda demasiado espesa, diluya la mayonesa con un poco de agua caliente; resérvela en la nevera.

3 Corte las patatas en tiras de un dedo de grosor. Caliente una freidora llena hasta la mitad de aceite vegetal a 140 °C o hasta que un dado de pan se dore en 1 minuto. Fría las patatas en dos tandas, unos 5 minutos cada una, hasta que estén blandas, pero no doradas. Póngalas a escurrir sobre papel de cocina y resérvelas.

4 Aumente la temperatura de la freidora a 190 °C o hasta que un dado de pan se dore en 45 segundos. Salpimente el pescado y sumérjalo en la pasta. En cada tanda, fría 2 piezas durante 7-8 minutos, o hasta que estén

bien doradas. Escúrralas sobre papel de cocina y manténgalas calientes mientras acaba de freír el pescado y las patatas.

5 Aumente la temperatura a 190 °C o hasta que un dado de pan se dore en 30 segundos. Fría de nuevo las patatas, en 2 tandas, durante 2-3 minutos, hasta que estén doradas y crujientes. Deje que escurran el exceso de grasa sobre papel de cocina y espolvoréelas con sal.

6 Sirva el pescado, bien caliente, con las patatas fritas y la mayonesa, adornado con gajos de limón y ramitas de perejil.

trucha marinada con ensalada de patata

para 4 personas

4 truchas, de 225-350 g cada una, en filetes

1 cebolla cortada en rodajas muy finas

2 hojas de laurel

ramitas de perejil y eneldo fresco, o de otras hierbas frescas

10-12 granos de pimienta negra

4-6 clavos

1 buena pizca de sal

150 ml de vinagre de vino tinto

hojas de escarola para decorar

ENSALADA DE PATATA:

500 g de patatas nuevas pequeñas

2 cucharadas de aliño francés

4 cucharadas de mayonesa

3-4 cebolletas picadas

sal

1 Limpie el pescado; corte las aletas y, si lo prefiere, quíteles la piel: empezando por el extremo de la cola, sepárela de la carne ejerciendo presión hacia abajo con el cuchillo.

2 Engrase una bandeja para el horno llana y ponga los filetes, muy juntos pero en una sola capa. Distribuya sobre el pescado las rodajas de cebolla, el laurel y las hierbas.

3 Ponga en un cazo al fuego la pimienta en grano, el clavo, la sal y el vinagre, y deje que casi arranque a hervir. Apártelo del fuego y vierta el líquido sobre el pescado. Espere a que se enfríe; entonces, cubra el recipiente con plástico de cocina y deje marinar el pescado en la nevera durante 24 horas.

4 Cubra el pescado con papel de aluminio y cuézalo 15 minutos en el horno precalentado a 160 °C. Deje que se enfríe, cúbralo con plástico de cocina y guárdelo en la nevera.

5 Cueza las patatas en agua con sal durante 10-15 minutos. Escúrralas. Mientras aún estén templadas, córtelas en dados grandes y póngalos en una ensaladera. Mezcle el aliño francés con la mayonesa y vierta la salsa sobre las patatas templadas; remueva para distribuirla. Cuando la ensalada esté fría, esparza por encima la cebolleta.

6 Ponga el pescado en los platos y vierta un poco del jugo por encima. Adórnelo con hojas de escarola y sírvalo con la ensalada de patata.

pastel de pescado y patata

para 4 personas

900 g de patatas mantecosas
    cortadas en rodajas

5 cucharadas de mantequilla

1 cebolla roja en rodajas

5 cucharadas de harina

450 ml de leche

150 ml de nata líquida espesa

225 g de filete de bacalao
    ahumado, cortado en dados

225 g de filete de bacalao fresco,
    cortado en dados

1 pimiento rojo cortado en dados

125 g de ramitos de brécol

50 g de queso parmesano rallado

1 Cueza las patatas en agua hirviendo con sal durante 10 minutos. Escúrralas y resérvelas.

2 Derrita la mantequilla en una cazuela y rehogue la cebolla a fuego suave durante 3-4 minutos.

3 Añada la harina y rehóguela 1 minuto. Incorpore la leche y la nata líquida, y llévelo a ebullición; remueva hasta que la salsa se espese.

4 Extienda la mitad de las patatas sobre la base de una fuente llana para el horno.

5 Incorpore a la salsa el pescado, el pimiento y el brécol, y cuézalo a fuego lento 10 minutos. Salpimente y ponga la mezcla en la fuente, por encima de las patatas.

6 Coloque las patatas restantes sobre el pescado en una capa. Espolvoree con el queso parmesano.

7 Cueza el pastel en el horno precalentado a 180 ºC durante 30 minutos o hasta que las patatas estén hechas y la parte superior, dorada.

buñuelos de patata y pescado con tomate

para 4 personas

450 g de patatas harinosas en dados

3 cucharadas de mantequilla

unos 225 g de filetes de pescado
 ahumado, como bacalao, sin piel

2 huevos batidos

1 cucharada de eneldo fresco picado

1/2 cucharadita de cayena molida

aceite para freír

sal y pimienta

SALSA:

300 ml de *passata* (preparación
 italiana de tomate triturado)

1 cucharada de pasta de tomate

2 cucharadas de eneldo picado

150 ml de caldo de pescado

1 Cueza las patatas en agua hirviendo 10 minutos o hasta que estén tiernas. Escúrralas bien, añada la mantequilla y haga un puré suave. Salpimente.

2 Mientras tanto, escalfe el pescado en agua hirviendo 10 minutos, dándole la vuelta una vez. Escúrralo y tritúrelo. Mézclelo con el puré de patata y deje que se enfríe.

3 Mientras la masa se enfría, prepare la salsa. En una cazuela, ponga a hervir el tomate junto con la pasta de tomate, el eneldo y el caldo. Tape la cazuela y cueza la salsa a fuego lento durante unos 20 minutos, hasta que se espese.

4 Incorpore en el puré de patata y pescado el huevo, el eneldo y la cayena. Mezcle muy bien.

5 Caliente abundante aceite a 180-190 ºC, o hasta que un dado de pan se dore en 30 segundos. Ponga cucharadas de masa en el aceite y fría los buñuelos 3-4 minutos, hasta que estén dorados. Escúrralos sobre papel absorbente.

6 Adorne los buñuelos con ramitas de eneldo y sírvalos con la salsa de tomate.

pastel de pescado ahumado

para 6 personas

2 cucharadas de aceite de oliva

1 cebolla picada

1 puerro cortado en rodajas finas

1 zanahoria cortada en dados

1 tallo de apio cortado en dados

115 g de champiñones pequeños
    cortados por la mitad

la ralladura de 1 limón

350 g de filete de bacalao
    ahumado, sin piel y en dados

350 g de filete de pescado blanco,
    por ejemplo abadejo, merluza o
    rape, sin piel y cortado en dados

8 gambas cocidas y peladas

2 cucharadas de perejil picado

1 cucharada de eneldo picado

sal y pimienta

1 ramita de eneldo para adornar

verduras cocidas para acompañar

SALSA:

4 cucharadas de mantequilla

4 cucharadas de harina

1 cucharadita de mostaza en polvo

600 ml de leche

85 g de queso gruyer rallado

COBERTURA:

675 g de patatas sin pelar

4 cucharadas de mantequilla

25 g de queso gruyer rallado

1 Para hacer la salsa, derrita la mantequilla en una sartén y añada la harina y la mostaza en polvo. Remueva la mezcla hasta que no queden grumos y manténgala a fuego muy lento durante 2 minutos, sin dejar que tome color. Incorpore poco a poco la leche, removiendo para obtener una salsa fina. Cuézala 2 minutos más, añada el queso rallado y siga removiendo hasta obtener una salsa homogénea. Aparte la sartén del fuego y cubra la superficie de la salsa con plástico de cocina para evitar que se forme una telilla. Reserve.

2 Mientras tanto, hierva las patatas en agua ligeramente salada durante 15 minutos. Escúrralas bien y deje que se enfríen un poco para poder pelarlas sin quemarse.

3 Caliente el aceite de oliva en una sartén limpia y añada la cebolla. Rehóguela 5 minutos, hasta que se ablande. Añada el puerro, la zanahoria, el apio y los champiñones, y rehóguelo todo 10 minutos más, hasta que las verduras se hayan ablandado. Agregue la ralladura de limón un momento antes de apartar la sartén del fuego.

4 Incorpore a la salsa las verduras rehogadas, el pescado, las gambas, el perejil y el eneldo. Salpimente y viértalo en una cacerola engrasada de 2 litros de capacidad.

5 Pele las patatas y rállelas gruesas. Mézclelas con la mantequilla derretida y cubra con ellas la preparación de la cazuela. Por último, espolvoree la superficie con queso gruyer rallado.

6 Cubra la cazuela con papel de aluminio, pero sin ajustarlo mucho, y cueza el pastel de pescado ahumado y patata en el horno precalentado a 200 °C durante 30 minutos. Quite el papel de aluminio y prolongue la cocción 30 minutos más, hasta que la cobertura esté tierna

y dorada. Decore el pastel y sírvalo de inmediato, acompañándolo con el surtido de verduras que prefiera.

empanadillas de pescado

para 4 personas

450 g de harina de fuerza y un poco
 más para espolvorear

1 pizca de sal

225 g de mantequilla en daditos,
 y un poco más para engrasar

1 huevo ligeramente batido

RELLENO:

4 cucharadas de mantequilla

1 puerro pequeño en rodajas

1 cebolla pequeña picada

1 zanahoria cortada en dados

225 g de patatas cortadas en dados

350 g de filete de pescado blanco
 de carne firme, cortado en trozos
 de 2,5 cm

4 cucharaditas de vinagre de vino
 blanco

25 g de queso cheddar rallado

1 cucharadita de estragón picado

PARA DECORAR:

ensalada verde surtida

tomates cereza

1 Tamice la harina y la sal sobre un cuenco. Añada la mantequilla y trabaje con la punta de los dedos hasta que la mezcla tenga el aspecto de miga de pan. Agregue 3 cucharadas de agua fría y mezcle con los dedos hasta formar una pasta maleable. Amásela para que quede fina, pero lo mínimo posible. Envuélvala con plástico de cocina y déjela 30 minutos en la nevera.

2 Mientras tanto, prepare el relleno. Derrita la mitad de la mantequilla en una sartén grande y rehogue a fuego lento el puerro, la cebolla y la zanahoria durante 7-8 minutos, hasta que las verduras estén tiernas. Apártelo del fuego y deje que se entibie.

3 Ponga el sofrito en un cuenco grande y añada la patata, el pescado, el vinagre, el resto de la mantequilla, el queso, el estragón, sal y pimienta. Reserve el relleno tapado.

4 Saque la pasta del frigorífico y extiéndala fina con el rodillo sobre una superficie enharinada. Con un cortapastas, corte 4 redondeles de 19 cm. Puede utilizar como plantilla un plato y cortar la pasta a su alrededor. Divida el relleno entre los 4 redondeles. Humedezca el borde de la pasta y dóblelos por la mitad. Oprima los bordes para sellarlos y que queden ondulados. Coloque las empanadillas en una bandeja para el horno untada con mantequilla. Píntelas con abundante huevo batido para glasearlas, pero procurando no impregnar la base para que no se peguen a la bandeja.

5 Cuézalas en el horno precalentado a 200 ºC durante 15 minutos. Sáquelas del horno y úntelas otra vez con huevo. Métalas en el horno otros 20 minutos o hasta que estén doradas y hechas. Sírvalas calientes o frías, con una ensalada verde y tomates cereza.

pastel oceánico

para 4 personas

500 g de filete de bacalao sin piel

225 g de salmón en una rodaja
   o en una suprema

425 ml de leche desnatada

1 hoja de laurel

1 kg de patatas

55 g de gambas peladas,
   descongeladas si son congeladas

4 cucharadas de mantequilla o
   margarina

4 cucharadas de harina

2-4 cucharadas de vino blanco

1 cucharadita de eneldo picado o
   ¹/₂ cucharadita de eneldo seco

2 cucharadas de alcaparras escurridas

sal y pimienta

algunas gambas enteras, con su
   piel, para decorar

VARIACIÓN

Sustituya las gambas por vieiras frescas. Saltéelas en aceite caliente durante 1-2 minutos antes de incorporarlas al relleno en el paso 3. Si son grandes, córtelas primero por la mitad.

1 Ponga el pescado en una cazuela con 300 ml de leche, el laurel, sal y pimienta. Llévelo a ebullición, tápelo y cuézalo durante 10-15 minutos a fuego lento, hasta que esté en su punto.

2 Pique las patatas gruesas y cuézalas en agua salada hirviendo hasta que estén tiernas.

3 Escurra el pescado reservando el caldo. Mídalo y, si es necesario, añada leche hasta obtener 300 ml. Desmenuce el pescado y tenga cuidado de que no quede ninguna espina. Póngalo en una bandeja para el horno llana y añada las gambas.

4 Funda la mitad de la mantequilla en una sartén y fría la harina 1-2 minutos, removiendo. Incorpore poco a poco la leche reservada y el vino, y llévelo a ebullición. Agregue el eneldo, las alcaparras, sal y pimienta, y cueza la salsa a fuego lento hasta que se espese. Viértala sobre el pescado y mezcle bien.

5 Escurra las patatas y cháfelas, añadiendo el resto de la mantequilla o margarina, sal, pimienta y leche suficiente para que el puré de patata resulte consistente y mantenga la forma.

6 Ponga el puré de patata en una manga pastelera con una boquilla grande acanalada y, oprimiendo la manga, forme montoncitos o cordones sobre el pescado. Cueza el pastel en el horno precalentado a 200 °C alrededor de 25 minutos, hasta que la superficie esté perfectamente dorada. Sírvalo adornado con las gambas enteras.

trucha arco iris escalfada

para 4 personas

1,300 kg de trucha arco iris fileteada

700 g de patatas nuevas

3 cebolletas picadas

1 huevo duro picado

hojas de ensalada para acompañar

CALDO:

850 ml de agua fría

850 ml de vino blanco seco

3 cucharadas de vinagre de vino
   blanco

2 zanahorias grandes troceadas

1 cebolla troceada

2 tallos de apio troceados

2 puerros troceados

2 dientes de ajo troceados

2 hojas de laurel frescas

4 ramitas de perejil fresco

4 ramitas de tomillo fresco

6 granos de pimienta negra

1 cucharadita de sal

MAYONESA DE BERROS:

1 yema de huevo

1 cucharadita de mostaza de Dijon

1 cucharadita de vinagre de vino
   blanco

55 g de hojas de berro picadas

225 ml de aceite de oliva suave

1 Empiece preparando el caldo. Ponga todos los ingredientes en una cazuela grande y llévelo poco a poco a ebullición. Tape y cuézalo a fuego lento alrededor de 30 minutos. Cuele el líquido a través de un tamiz fino, sobre una cazuela limpia. Llévelo nuevamente a ebullición, destape la cazuela y manténgala a fuego vivo durante 15-20 minutos, hasta que el caldo quede reducido a 600 ml.

2 Ponga la trucha en una cazuela grande. Añada el caldo y llévelo lentamente a ebullición. Aparte el recipiente del fuego y deje que el pescado se enfríe en el jugo de cocción.

3 Mientras tanto, prepare la mayonesa de berros. Ponga la yema de huevo, la mostaza, el vinagre, los berros, sal y pimienta en el vaso de una batidora y bátalo 30 segundos, hasta que la mezcla esté espumosa. Añada el aceite, gota a gota, hasta que empiece a espesarse. Siga incorporando el aceite, en un chorrito fino y continuo, hasta acabarlo. Si la mayonesa parece demasiado espesa, agregue un poco de agua caliente. Sazónela al gusto, cúbrala y resérvela en la nevera.

4 Cueza las patatas en agua con sal hirviendo durante 12-15 minutos, hasta que estén tiernas. Escúrralas y refrésquelas bajo el chorro de agua fría.

5 Cuando estén frías, córtelas por la mitad si son muy grandes y mézclelas con la mayonesa de berros, añadiendo también la cebolleta y el huevo duro.

6 Con mucho cuidado, extraiga el pescado del líquido de cocción y escúrralo sobre papel de cocina. Desprenda la piel de cada filete y sirva el plato acompañándolo con la ensalada de patata y una ensalada de hojas verdes.

pastel de arenque y patata

para 4 personas

1 cucharada de mostaza de Dijon

115 g de mantequilla ablandada

450 g de filetes de arenque

750 g de patatas

1 cebolla grande cortada en rodajas

2 manzanas para cocer, cortadas en
   rodajas finas

1 cucharadita de salvia fresca picada

600 ml de caldo de pescado caliente

50 g de miga de pan rallada

sal y pimienta

ramitas de perejil fresco para decorar

VARIACIÓN

Sustituya los filetes de arenque
por caballa o sardinas.

1 Mezcle la mostaza con 25 g de mantequilla hasta obtener una pasta suave. Unte con ella el lado cortado de los filetes de arenque. Salpimente, enróllelos y resérvelos. Unte con mantequilla una bandeja para el horno de 2,2 litros de capacidad.

2 Corte las patatas en rodajas finas. Escáldelas durante 3 minutos en agua hirviendo ligeramente salada, hasta que estén tiernas. Escúrralas, refrésquelas bajo el chorro del agua fría y enjuáguelas.

3 Caliente 25 g de mantequilla en una sartén y sofría la cebolla a fuego lento durante 8-10 minutos, hasta que se ablande pero sin que llegue a dorarse. Resérvela.

4 Ponga la mitad de las patatas en la bandeja preparada; salpimente y añada la mitad de la manzana y de la cebolla. Ponga el pescado sobre la cebolla y espolvoree con la salvia. Repita las capas en orden inverso, terminando con una de patata. Salpimente y vierta caldo caliente hasta media altura de la fuente.

5 Derrita la mantequilla restante y mézclela con la miga de pan rallada. Espárzalo sobre la patata. Cueza el pastel en el horno precalentado a 190 °C durante 40-50 minutos, hasta que el pan rallado esté dorado y los arenques, bien cocidos. Sírvalo de inmediato, decorado con ramitas de perejil.

Platos vegetarianos

La patata se ha convertido en un apreciado producto básico de la dieta vegetariana. Y quien crea que con ella sólo se pueden preparar comidas monótonas quedará agradablemente sorprendido ante la rica variedad de platos que se ofrece en este capítulo. Además de los tradicionales pasteles y estofados, descubrirá influencias de diferentes países en recetas como el revoltillo de tofu y verduras, originaria de China, y el curry de patata y coliflor, de la India. Con este sugestivo surtido de comidas podrá preparar platos muy tentadores en cualquier época del año.

verduras con cobertura de patata

para 4 personas

1 zanahoria cortada en dados

175 g de ramitos de coliflor

175 g de ramitos de brécol

1 bulbo de hinojo en rodajas

75 g de judías verdes partidas
   por la mitad

2 cucharadas de mantequilla

2¹/₂ cucharadas de harina

150 ml de caldo de verduras

150 ml de vino blanco seco

150 ml de leche

175 g de champiñones en cuartos

2 cucharadas de salvia fresca picada

COBERTURA:

900 g de patatas harinosas en dados

2 cucharadas de mantequilla

4 cucharadas de yogur natural

70 g de queso parmesano recién
   rallado

1 cucharadita de semillas de hinojo

sal y pimienta

1 Cueza la zanahoria, la coliflor, el brécol, el hinojo y las judías en agua hirviendo durante 10 minutos, hasta que estén tiernas pero todavía crujientes. Escurra bien las verduras y resérvelas.

2 Derrita la mantequilla en una cazuela y fría la harina 1 minuto; retírela del fuego. Vierta el caldo, el vino y la leche, y llévelo a ebullición, removiendo, hasta que se espese. Incorpore la salvia, las verduras y los champiñones.

3 Prepare la cobertura. Hierva las patatas durante 10-15 minutos o hasta que estén bien tiernas. Escúrralas y haga un puré con la mantequilla, el yogur y la mitad del queso. Añada las semillas de hinojo.

4 Ponga las verduras en una fuente para el horno de 1 litro de capacidad. Recúbralas con el puré.

Esparza el resto del queso por encima. Cuézalo 30-35 minutos en el horno precalentado a 190 °C, o hasta que la cobertura se dore. Sírvalo caliente.

soufflé a los tres quesos

para 4 personas

2 cucharadas de mantequilla

2 cucharaditas de harina

900 g de patatas harinosas

8 huevos, con la yema separada
   de la clara

25 g de queso gruyer rallado

25 g de queso azul desmenuzado

25 g de cualquier queso de sabor
   fuerte, rallado

sal y pimienta

1 Engrase con la mantequilla un molde para *soufflé* de 2,4 litros de capacidad y espolvoréelo con harina.

2 Cueza las patatas en agua hirviendo hasta que estén bien tiernas. Haga un puré suave y páselo a un cuenco grande para que se enfríe.

3 Mezcle las yemas de huevo con el puré e incorpore los 3 tipos de queso. Salpimente bien.

4 En un cuenco limpio, bata las claras a punto de nieve e incorpórelas con cuidado al puré, con una cuchara metálica, hasta que todo esté bien mezclado.

5 Pase la mezcla al molde para *soufflé* preparado.

6 Cueza el *soufflé* en el horno precalentado a 220 °C durante 35-40 minutos, hasta que suba y cuaje. Sírvalo de inmediato.

horneado de patata a los cuatro quesos

para 4 personas

900 g de patatas mantecosas, sin
pelar y cortadas en gajos

2 cucharadas de mantequilla

1 cebolla roja partida por la mitad
y después en rodajas

2 dientes de ajo chafados

2¹/₂ cucharadas de harina

600 ml de leche

1 lata de 400 g de corazones de
alcachofa en su jugo, escurridos
y partidos por la mitad

150 g de verduras variadas
congeladas, ya descongeladas

125 g de queso gruyer rallado

125 g de queso de sabor fuerte,
rallado

50 g de gorgonzola desmenuzado

25 g de queso parmesano rallado

225 g de tofu cortado en lonchas

2 cucharadas de tomillo fresco picado

sal y pimienta

ramitas de tomillo, para decorar

VARIACIÓN

Si el sabor del gorgonzola le
parece demasiado fuerte,
sustitúyalo por un queso
más suave.

1 Cueza los gajos de patata en agua
hirviendo durante 10 minutos.
Escúrralos bien.

2 Mientras tanto, derrita la
mantequilla en una cazuela y
rehogue la cebolla y el ajo a fuego
suave durante 2-3 minutos.

3 Añada la harina y rehogue
1 minuto más. Incorpore poco
a poco la leche y llévelo a ebullición,
sin dejar de remover.

4 Baje el fuego y agregue, sin dejar
de remover, los corazones de
alcachofa, las verduras mixtas, la mitad
de cada uno de los cuatro quesos
y el tofu. A continuación, incorpore
el tomillo fresco picado y salpimente
a su gusto.

5 Disponga una capa de gajos de
patata sancochados sobre la base
de una fuente para el horno poco
profunda. Ponga cucharadas de mezcla
de verduras por encima y cubra con el
resto de las patatas. Espolvoree con
el resto de los 4 quesos.

6 Cuézalo en el horno precalentado
a 200 ºC durante 30 minutos o
hasta que las patatas estén bien
cocidas y la superficie se haya dorado.
Sirva el plato adornado con ramitas de
tomillo fresco.

pastel de patata

para 4 personas

675 g de patatas mantecosas, sin
    pelar y cortadas en rodajas

1 zanahoria cortada en dados

225 g de ramitos pequeños de brécol

5 cucharadas de mantequilla

2 cucharadas de aceite vegetal

1 cebolla roja cortada en cuartos

2 dientes de ajo chafados

175 g de tofu cortado en dados

2 cucharadas de salvia fresca picada

75 g de queso de sabor fuerte,
    rallado

1 Cueza las patatas en agua
hirviendo durante 10 minutos.
Escúrralas bien.

2 Mientras tanto, hierva la
zanahoria y el brécol en otra
cazuela durante 5 minutos. Escúrralos
con una espumadera.

3 Caliente la mantequilla y el
aceite en una sartén de 23 cm
de diámetro y fría la cebolla y el ajo a
fuego suave 2-3 minutos. Incorpore la
mitad de las rodajas de patata, hasta
cubrir la base de la sartén.

4 Extienda sobre las patatas la
zanahoria, el brécol y el tofu.
Espolvoree con la mitad de la salvia y
coloque encima el resto de las patatas.
Espolvoree con el queso rallado.

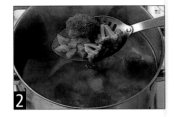

5 Cueza el pastel a fuego moderado
durante unos 8-10 minutos, y
a continuación gratínelo bajo el grill
precalentado a temperatura media
otros 2-3 minutos o hasta que el queso
se funda y se dore.

6 Adórnelo con el resto de la salvia
y llévelo a la mesa en la misma
sartén.

tofu con patatas y repollo

para 4 personas

450 g de patatas harinosas cortadas
en dados

225 g de repollo de Milán cortado
en tiras finas

5 cucharadas de aceite vegetal

2 puerros picados

1 diente de ajo chafado

225 g de tofu ahumado, en dados

sal y pimienta

puerro rehogado cortado en tiras
finas, para decorar

SUGERENCIA

Esta receta vegetariana se puede
servir como plato único, ya que
los dados de tofu ahumado
hacen de ella una comida
muy sustanciosa.

1 Cueza las patatas en agua
hirviendo durante 10 minutos,
hasta que estén tiernas. Escúrralas
y haga un puré.

2 Mientras tanto, en otra cazuela
escalde el repollo con agua
hirviendo durante 5 minutos. Escúrralo
y mézclelo con el puré.

3 Caliente el aceite en una sartén de
base gruesa y fría a fuego suave
el puerro y el ajo durante 2-3 minutos.
Incorpore el puré con repollo y mezcle
bien todos los ingredientes.

4 Añada el tofu ahumado y sazone
bien con sal y pimienta. Cuézalo
a fuego moderado durante 10 minutos.

5 Con cuidado, dé la vuelta al
preparado y hágalo por el otro
lado 5-7 minutos, hasta que quede
crujiente por la parte de abajo.

6 Sírvalo de inmediato, adornado
con las tiras de puerro.

horneado de lentejas con patata

para 4 personas

COBERTURA:

675 g de patatas harinosas cortadas en dados

2 cucharadas de mantequilla

1 cucharada de leche

50 g de pacanas

2 cucharadas de tomillo fresco

ramitas de tomillo, para adornar

RELLENO:

225 g de lentejas rubias

5 cucharadas de mantequilla

1 puerro cortado en rodajas

2 dientes de ajo chafados

1 tallo de apio picado

125 g de ramitos de brécol

175 g de tofu ahumado en dados

2 cucharaditas de pasta de tomate

SUGERENCIA

El tofu es muy delicado; por lo tanto, utilice siempre un cuchillo muy afilado para cortarlo en rodajas o en dados.

1 Para la cobertura, hierva las patatas en agua 10-15 minutos o hasta que estén cocidas. Escúrralas bien, agregue la mantequilla y la leche y haga un puré. Incorpore las pacanas y el tomillo picado y resérvelo.

2 Hierva las lentejas durante 20-30 minutos o hasta que estén tiernas. Escúrralas y resérvelas.

3 Derrita la mantequilla en una sartén y fría el puerro, el ajo, el apio y el brécol durante unos 5 minutos; después, añada el tofu. Incorpore las lentejas en la preparación y añada la pasta de tomate. Salpimente

VARIACIÓN

Este plato se puede realizar con cualquier combinación de verduras.

al gusto y pásela a una fuente llana para el horno.

4 Con una cuchara, extienda el puré de patata por encima de la preparación de lentejas y recúbrala por completo.

5 Cueza el pastel en el horno precalentado a 200 °C de temperatura, durante 30-35 minutos o hasta que la cobertura esté bien dorada. Adórnelo con ramitas de tomillo fresco y sírvalo caliente.

horneado de patata y coliflor

para 4 personas

500 g de coliflor cortada en ramitos

600 g de patatas cortadas en dados

100 g de tomates cereza

SALSA:

2 cucharadas de mantequilla
    o margarina

1 puerro cortado en rodajas

1 diente de ajo chafado

3 cucharadas de harina

300 ml de leche

75 g de quesos variados, por
    ejemplo cheddar, parmesano
    y gruyer rallados

$^1/_2$ cucharadita de pimentón

2 cucharadas de perejil fresco
    picado

sal y pimienta

perejil fresco picado para decorar

1 Cueza la coliflor en agua hirviendo durante 10 minutos. Escúrrala bien y resérvela. Cueza también las patatas en agua hirviendo durante 10 minutos. Escúrralas y resérvelas.

2 Para hacer la salsa, derrita la mantequilla o la margarina en una sartén y saltee el puerro y el ajo durante 1 minuto. Incorpore la harina y fríala durante 1 minuto, removiendo. Aparte la sartén del fuego y añada poco a poco la leche, 50 g de queso rallado, el pimentón y el perejil. Llévelo a ebullición, sin dejar de remover. Salpimente al gusto.

3 Disponga la coliflor en una bandeja para el horno honda. Añada los tomates cereza y cubra con la patata. Vierta la salsa por encima y espolvoree con el resto del queso.

4 Cueza la preparación en el horno precalentado a 180° C durante 20 minutos o hasta que las verduras estén cocidas y el queso, dorado. Decore con ramitas de perejil y llévelo en seguida a la mesa.

tronco de patata y cacahuete

para 4 personas

2 cucharadas de mantequilla

450 g de patatas harinosas en dados

1 cebolla picada

2 dientes de ajo chafados

125 g de cacahuetes sin sal

75 g de pan rallado blanco

1 huevo batido

2 cucharadas de cilantro fresco picado

150 ml de caldo de verduras

75 g de champiñones en láminas

50 g de tomates secados al sol
cortados en tiras

sal y pimienta

SALSA:

150 ml de nata fresca espesa

2 cucharaditas de pasta de tomate

2 cucharaditas de miel

2 cucharadas de cilantro fresco
picado

1 Engrase con un poco de mantequilla un molde metálico de ¹/₂ litro de capacidad. Hierva las patatas en agua 10 minutos, hasta que estén tiernas. Escúrralas bien, haga un puré y resérvelo.

2 Derrita 1 cucharada de la mantequilla en una sartén y fría a fuego suave la cebolla y el ajo durante 2-3 minutos. Pique los cacahuetes bien finos, a mano o en una picadora durante unos 30 segundos, junto con el pan rallado.

3 Mezcle el pan rallado con cacahuete con el puré, el huevo, el cilantro y el caldo vegetal. Añada el sofrito de cebolla y ajo y mézclelo todo bien.

4 Derrita el resto de la mantequilla en la sartén y rehogue luego los champiñones durante 2-3 minutos.

5 Presione la mitad de la mezcla de patata sobre la base del molde. Coloque los champiñones encima y después las tiras de tomate. Extienda el resto del puré por encima y alise la superficie. Cubra el tronco con papel de aluminio y cuézalo 1 hora en el horno precalentado a 190 °C, o hasta que esté firme al tacto.

6 Mientras tanto, mezcle los ingredientes de la salsa. Corte el tronco en rodajas y sírvalo con la salsa.

gratinado de patata y berenjena

para 4 personas

500 g de patatas mantecosas
   cortadas en rodajas

1 cucharada de aceite vegetal

1 cebolla picada

2 dientes de ajo chafados

500 g de tofu escurrido y cortado
   en dados

2 cucharadas de pasta de tomate

2 cucharadas de harina

300 ml de caldo de verduras

2 tomates grandes cortados en
   rodajas

1 berenjena cortada en rodajas

2 cucharadas de tomillo fresco
   picado

450 ml de yogur natural

2 huevos batidos

sal y pimienta

VARIACIÓN

Si prefiere un sabor más fuerte,
puede utilizar tofu ahumado
o macerado.

1 Cueza las patatas en agua
hirviendo durante 10 minutos,
hasta que estén tiernas pero sin que
se rompan. Escúrralas y resérvelas.

2 Caliente el aceite en una sartén y
fría la cebolla y el ajo 2-3 minutos.

3 Añada el tofu, la pasta de tomate
y la harina, y rehogue 1 minuto.
Poco a poco, sin dejar de remover,
incorpore el caldo de verduras y llévelo
a ebullición. Baje la temperatura y
cuézalo a fuego lento 10 minutos.

4 Extienda una capa de rodajas
de patata sobre la base de una
fuente llana para el horno. Ponga la
preparación de tofu por encima.
Disponga por encima del tofu una capa
de tomate, otra de berenjena y después
el resto de las patatas, comprobando
que quede totalmente cubierto.

5 En un cuenco, mezcle el yogur con
el huevo batido y salpimiente bien.
Con una cuchara, extiéndalo sobre las
rodajas de patata.

6 Cueza el plato en el horno
precalentado a 190 °C durante
35-45 minutos, o bien hasta que la
superficie se dore. Sírvalo caliente,
con una fresca ensalada verde para
acompañar.

crepes de arroz rellenas

para 4 personas

200 g de arroz y 50 g de *urid dhal*, o
   200 g de harina de arroz y 50 g
   de harina de *urid dhal (ata)*
425-600 ml de agua
1 cucharadita de sal
4 cucharadas de aceite vegetal
ramitas de cilantro para decorar
RELLENO:
900 g de patatas cortadas en dados
3 guindillas verdes frescas, sin
   semillas y picadas
$^1/_2$ cucharadita de cúrcuma molida
1 cucharadita de sal
150 ml de aceite vegetal
1 cucharadita de semillas de
   mostaza y de cebolla mezcladas
3 guindillas rojas secas
4 hojas de curry
2 cucharadas de zumo de limón

SUGERENCIA

Las especialidades indias, como
los diversos tipos de harina y las
semillas de mostaza y cebolla,
pueden adquirirse en los
supermercados orientales.

1 Para hacer las crepes, remoje el arroz y el *urid dhal* durante 3 horas. Tritúrelos hasta que tengan una consistencia suave, añadiendo agua si es necesario. Déjelos fermentar durante otras 3 horas. Si emplea harina de arroz y de *urid dhal*, mézclelas en un cuenco, añada el agua y la sal, y remuévalo hasta formar una pasta.

2 Caliente 1 cucharada de aceite en una sartén grande antiadherente. Con un cucharón, vierta en la sartén la cantidad suficiente de pasta para que al extenderla en una capa fina cubra toda la base. Tape y cueza la crepe a fuego medio aproximadamente durante 2 minutos. Quite la tapadera y dé la vuelta a la crepe con mucho cuidado. Vierta un poquito de aceite alrededor del borde, tape la sartén y cueza la crepe durante otros 2 minutos. Repita estas operaciones hasta acabar la pasta.

3 Para hacer el relleno, cueza las patatas en agua hirviendo. Añada la guindilla verde, la cúrcuma y la sal, y prolongue la cocción hasta que las patatas estén tiernas. Escúrralas y cháfelas ligeramente con un tenedor.

4 Caliente el aceite en una sartén y fría las semillas de mostaza y cebolla, las guindillas rojas y las hojas de curry durante 1 minuto, removiendo constantemente. Vierta la mezcla de especias sobre las patatas chafadas, alíñelo con el zumo y mézclelo bien. Distribuya el relleno de patata sobre una mitad de cada una de las crepes y dóblelas por encima. Decore y sírvalas en una fuente caliente.

curry de patata y verduras

para 4 personas

4 cucharadas de aceite vegetal

675 g de patatas mantecosas
   cortadas en trozos grandes

2 cebollas cortadas en cuartos

3 dientes de ajo chafados

1 cucharadita de *garam masala*

¹/₂ cucharadita de cúrcuma molida

¹/₂ cucharadita de comino molido

¹/₂ cucharadita de cilantro molido

2 cucharaditas de jengibre rallado

1 guindilla roja picada

225 g de ramitos de coliflor

4 tomates, pelados y cortados en
   cuartos

75 g de guisantes congelados

2 cucharadas de cilantro fresco picado

300 ml de caldo de verduras

cilantro fresco picado, para decorar

arroz hervido o pan indio, para
   acompañar

SUGERENCIA

Conviene utilizar una cazuela
o sartén de base gruesa para
asegurarse de que las patatas
queden totalmente cocidas.

1 Caliente el aceite vegetal en una
cazuela o sartén de base gruesa.
Añada los trozos de patata, la cebolla
y el ajo, y fríalo a fuego suave durante
2-3 minutos, removiendo con frecuencia.

2 Añada la *garam masala*, la
cúrcuma, el comino y el cilantro
molidos, el jengibre rallado y la
guindilla, y mezcle bien las especias
con las verduras. Rehóguelo durante
1 minuto, sin dejar de remover.

3 Incorpore en la cazuela los
ramitos de coliflor, los trozos
de tomate, los guisantes, el cilantro
picado y el caldo de verduras, y siga
removiendo.

4 Cueza el curry de patata a fuego
suave durante 30-40 minutos
o hasta que las patatas estén bien
tiernas.

5 Adorne el curry con el cilantro
fresco y sírvalo con arroz blanco
o con pan indio caliente.

curry de garbanzos

para 4 personas

6 cucharadas de aceite vegetal

2 cebollas cortadas en rodajas

1 cucharadita de jengibre fresco
  picado

1 cucharadita de comino molido

1 cucharadita de cilantro molido

1 cucharadita de ajo chafado

1 cucharadita de guindilla en polvo

2 guindillas verdes frescas

1 cucharada de hojas de cilantro

150 ml de agua

300 g de patatas

400 g de garbanzos en conserva,
  escurridos y aclarados

1 cucharada de zumo de limón o lima

pan indio para acompañar (opcional)

1 Caliente el aceite en una sartén grande a fuego medio.

2 Sofría la cebolla en la sartén hasta que se dore, removiendo de vez en cuando.

3 Reduzca la temperatura e incorpore el jengibre, el comino y el cilantro molidos, la guindilla en polvo, las guindillas verdes y las hojas de cilantro; sofríalo durante 2 minutos.

4 Vierta el agua y remuévalo para mezclar bien.

5 Con un cuchillo afilado, corte las patatas en dados pequeños.

6 Ponga las patatas y los guisantes en la sartén, tápela y rehóguelo todo a fuego lento 5-7 minutos, removiendo de vez en cuando.

7 Rocíe el curry con el zumo de limón o de lima.

8 Sirva el curry directamente en 4 platos, acompañado con pan indio si lo desea.

curry fácil

3 patatas medianas

150 ml de aceite vegetal

1 cucharadita de semillas de cebolla

$^{1}/_{2}$ cucharadita de semillas de hinojo

4 hojas de curry

1 cucharadita de comino molido

1 cucharadita de cilantro molido

1 cucharadita de guindilla en polvo

1 pizca de cúrcuma molida

1$^{1}/_{2}$ cucharaditas de mango seco molido

1 Pele y lave las patatas. Con un cuchillo afilado, corte cada una de ellas en 6 rodajas.

2 Hierva las patatas en agua con sal hasta que estén cocidas, pero no deshechas (compruebe el punto de cocción pinchándolas con la punta de un cuchillo). Escúrralas y resérvelas en la cazuela hasta que las necesite.

3 Caliente el aceite vegetal en una sartén de base gruesa. Reduzca la temperatura y sofría las semillas de cebolla y de hinojo y las hojas de curry, removiendo sin cesar.

4 Aparte la sartén del fuego y añada el comino y el cilantro molidos, la guindilla en polvo, la cúrcuma, 1 cucharadita de sal y el mango seco, removiendo para que todo se mezcle bien.

5 Vuelva a poner la sartén a fuego lento y sofría la mezcla durante 1 minuto, removiendo constantemente.

6 Vierta la mezcla de especias sobre las patatas cocidas, remueva y sofríalas a fuego lento durante unos 5 minutos.

7 Disponga el curry de patata en 4 platos individuales y sírvalo de inmediato.

pilaf de verduras

para 6 personas

450 g de patatas cortadas en trozos

1 berenjena cortada en 6 trozos

2 zanahorias cortadas en rodajas

50 g de judías verdes, despuntadas
y cortadas en trocitos

4 cucharadas de *ghee* vegetal

2 cebollas cortadas en rodajas

175 ml de yogur natural

2 cucharaditas de jengibre fresco
muy picado

2 cucharaditas de ajo picado

2 cucharaditas de *garam masala*

2 cucharaditas de semillas de
comino negro

$^1/_2$ cucharadita de cúrcuma molida

3 vainas de cardamomo negro

3 ramas de canela

2 cucharaditas de sal

1 cucharadita de guindilla molida

$^1/_2$ cucharadita de hebras de azafrán

300 ml de leche

600 g de arroz *basmati*

5 cucharadas de zumo de limón

PARA DECORAR:

4 guindillas verdes frescas, sin
semillas y picadas

hojas frescas de cilantro picadas

1 Limpie y prepare las verduras.
Caliente el *ghee* en una sartén
y sofría las patatas, la berenjena, la
zanahoria y las judías hasta que
estén tiernas, removiendo. Saque las
verduras de la sartén y escúrralas bien.

2 Ponga en la sartén la cebolla y
sofríala, removiendo varias veces,
hasta que esté tierna. Añada el yogur,
el jengibre, el ajo, la *garam masala*,
1 cucharadita de semillas de comino
negro, la cúrcuma, 1 vaina de
cardamomo, 1 rama de canela,
1 cucharadita de sal y la guindilla
molida; rehóguelo todo 3-5 minutos.
Vuelva a poner las verduras en la sartén
y rehogue 4-5 minutos más.

3 Ponga la leche con el azafrán
en un cazo y llévela a ebullición,
removiendo. Aparte el cazo del fuego
y déjela enfriar.

4 Hierva el arroz en una cazuela con
agua hirviendo, una cucharadita
de sal, 2 barras de canela, 2 vainas de
cardamomo negro y 1 cucharadita de
semillas de comino negro, sólo hasta
que esté medio cocido. Escúrralo; deje
una mitad en la cazuela y ponga la otra
mitad en un cuenco. Incorpore la
mezcla de verduras en el arroz de la
cazuela. Vierta la mitad del zumo de
limón y la mitad de la leche al azafrán
sobre las verduras y el arroz, cúbralo
con el arroz restante y vierta por encima
el resto del zumo de limón y la leche.

5 Decore con las guindillas verdes
y el cilantro, ponga nuevamente
la cazuela al fuego y tápela. Cueza el
arroz con verduras a fuego lento unos
20 minutos. Sirva el *pilaf* caliente.

salteado de tofu y verduras

para 4 personas

175 g de patatas cortadas en dados

1 cucharada de aceite vegetal

1 cebolla roja cortada en rodajas

225 g de tofu, escurrido y en dados

2 calabacines cortados en dados

8 corazones de alcachofa en
   conserva, cortados por la mitad

150 ml de *passata* (preparación
   italiana de tomate triturado)

1 cucharada de salsa de guindilla dulce

1 cucharada de salsa de soja

1 cucharada de azúcar lustre

2 cucharadas de albahaca picada

1 Cueza las patatas en agua hirviendo durante 10 minutos. Escúrralas y resérvelas.

2 Caliente el aceite vegetal en un wok o una sartén grande y saltee la cebolla durante 2 minutos, hasta que se haya ablandado, removiendo.

3 Incorpore el tofu y el calabacín, y saltéelos 3-4 minutos, hasta que empiecen a dorarse.

4 Añada las patatas y remueva para mezclarlo todo bien.

5 Ahora, incorpore las alcachofas, la *passata*, la salsa de guindilla dulce, la de soja, el azúcar y la albahaca.

6 Salpimente al gusto y rehogue 5 minutos más, removiendo con frecuencia.

7 Disponga el salteado en 4 platos precalentados y sírvalo de inmediato.

surtido de verduras

para 4 personas

300 ml de aceite vegetal

1 cucharadita de semillas de mostaza

1 cucharadita de semillas de cebolla

½ cucharadita de semillas de comino blanco

3-4 hojas de curry picadas

450 g de cebollas picadas

3 tomates picados

½ pimiento rojo y ½ pimiento verde, sin semillas y cortados en rodajas

1 cucharadita de jengibre picado

1 cucharadita de ajo chafado

1 cucharadita de guindilla molida

¼ de cucharadita de cúrcuma molida

1 cucharadita de sal

425 ml de agua

450 g de patatas cortadas en trozos

½ coliflor, separada en ramitos

4 zanahorias, peladas y en rodajas

3 guindillas verdes picadas

1 cucharada de hojas de cilantro fresco

1 cucharada de zumo de limón

1 Caliente el aceite en una sartén grande y fría las semillas de mostaza, cebolla y comino y las hojas de curry hasta que se pongan oscuras.

2 Ponga la cebolla en la sartén y sofríala a fuego medio hasta que adquiera un color dorado intenso.

3 Añada el tomate y los pimientos, y siga sofriendo unos 5 minutos.

4 Agregue el jengibre, el ajo, la guindilla, la cúrcuma y la sal, y mezcle bien.

5 Vierta 300 ml de agua, tape el recipiente y cuézalo todo a fuego lento 10-12 minutos, removiendo de vez en cuando.

6 Añada las patatas, la coliflor, las zanahorias, las guindillas y el cilantro, y rehóguelo unos 5 minutos.

7 Incorpore el resto del agua y el zumo de limón; remuévalo para mezclar bien. Tápelo y cuézalo a fuego lento 15 minutos, removiéndolo.

8 Reparta el surtido de verduras entre 4 platos precalentados, y llévelos a la mesa sin demora.

curry de patata y coliflor

para 4 personas

150 ml de aceite vegetal

$^1/_2$ cucharadita de semillas
de comino blanco

4 guindillas rojas secas

2 cebollas cortadas en rodajas

1 cucharadita de jengibre fresco
picado muy menudo

1 cucharadita de ajo chafado

1 cucharadita de guindilla molida

1 cucharadita de sal

1 pizca de cúrcuma molida

675 g de patatas troceadas

$^1/_2$ coliflor, separada en ramitos

2 guindillas verdes frescas (opcional)

1 cucharada de hojas de cilantro

SUGERENCIA

El jengibre molido no puede
sustituir el jengibre fresco. Es
menos aromático y no se puede
emplear en platos fritos o
salteados porque se quema
fácilmente cuando se somete
a altas temperaturas.

---

1 Caliente el aceite en una sartén
grande de base gruesa y sofría
las semillas de comino blanco y las
guindillas, removiendo para mezclar.

2 Añada la cebolla y, removiendo
de vez en cuando, sofríala a fuego
medio durante 5-8 minutos, hasta que
esté bien dorada.

3 Mezcle el jengibre, el ajo, la
guindilla molida, la sal y la
cúrcuma. Incorpórelo en la sartén
y sofría unos 2 minutos más.

4 Ponga las patatas y la coliflor en
la sartén, y remúevalas para que
queden bien recubiertas con la mezcla
de especias. Reduzca la temperatura
y ponga en la cazuela las guindillas
verdes (si las usa), las hojas de cilantro
y 150 ml de agua. Tápelo y déjelo
cocer a fuego lento 10-15 minutos,
hasta que las verduras estén tiernas.

5 Disponga el curry de patata y
coliflor en 4 platos individuales
calientes y sírvalo de inmediato.

curry amarillo

para 4 personas

2 dientes de ajo picados

1 trozo de *galanga* de 3 cm, picada muy menuda

1 tallo de citronela picado

1 cucharadita de semillas de cilantro

3 cucharadas de aceite vegetal

2 cucharaditas de pasta de curry rojo tailandés

¹/₂ cucharadita de cúrcuma molida

200 ml de leche de coco

250 g de patatas cortadas en dados

100 ml de caldo de verduras

200 g de hojas de espinaca tiernas

1 cebolla pequeña cortada en aros finos

1 Ponga el ajo, la *galanga*, la citronela y las semillas de cilantro en un mortero, y májelos hasta obtener una pasta fina

2 Caliente 2 cucharadas de aceite en una sartén o un wok. Incorpore la pasta de ajo y saltéela 30 segundos. Añada la pasta de curry y la cúrcuma, y después la leche de coco. Lleve la mezcla a ebullición.

3 Añada las patatas y el caldo y, cuando vuelva a hervir, reduzca la temperatura y cuézalo a fuego lento, destapado, durante 10-12 minutos, hasta que las patatas estén casi tiernas.

4 Añada las espinacas y cuézalo hasta que las hojas estén blandas.

5 Fría la cebolla con el aceite restante hasta que esté crujiente y dorada. Antes de servir, póngala sobre el curry.

SUGERENCIA

Prepare este plato con patatas firmes y mantecosas que conserven la forma durante la cocción; las harinosas se rompen fácilmente cuando están hechas.

cazuela de patatas al limón

para 4 personas

100 ml de aceite de oliva

2 cebollas rojas, cortadas en 8 gajos

3 dientes de ajo chafados

2 cucharaditas de comino molido

2 cucharaditas de cilantro molido

1 pellizco cayena molida

1 zanahoria en rodajas gruesas

2 nabos pequeños en cuartos

1 calabacín cortado en rodajas

500 g de patatas, en rodajas gruesas

el zumo y la ralladura de 2 limones
grandes

300 ml de caldo de verduras

2 cucharadas de cilantro fresco
picado

sal y pimienta

SUGERENCIA

Vigile las verduras mientras se cuecen, porque podrían pegarse al fondo del recipiente. Si es necesario, añada un poco más de agua hirviendo o de caldo.

1 Caliente el aceite en una cazuela que pueda ir a la mesa y saltee la cebolla a fuego medio 3 minutos, removiendo de vez en cuando.

2 Añada el ajo y sofría 30 segundos más. Incorpore las especias y rehogue 1 minuto, sin dejar de remover.

3 Agregue la zanahoria, los nabos, el calabacín y las patatas, y remueva para que se impregnen.

4 Incorpore el zumo y la ralladura de limón y el caldo de verduras. Salpimente al gusto. Tape la cazuela y cuézalo a fuego medio durante 20-30 minutos, removiéndolo de vez en cuando

5 Destape, esparza cilantro picado y mezcle bien. Sirva la cazuela de patatas al limón de inmediato.

Panes y bollos

La patata añade un interesante aroma y una textura especial a panes y pasteles. En esta sección se incluye una serie de recetas poco habituales, y además se destacan las cualidades de los boniatos, combinándolos con frutas y especias, como en el pastel de frutas y boniato, ideal para una ocasión especial. También podrá preparar un tentador pan en forma de trenza y pequeñas delicias, como los delicados bollitos de patata y nuez moscada.

trenza de patata y queso

para 8 personas

mantequilla para engrasar

175 g de patatas cortadas en dados

2 bolsitas de 7 g de levadura seca
de fácil disolución

675 g de harina blanca para pan

1 cucharadita de sal

450 ml de caldo de verduras

2 dientes de ajo chafados

2 cucharadas de romero fresco
picado

125 g de queso gruyer rallado

1 cucharada de aceite vegetal

SUGERENCIA

Cuando se usa levadura, la
temperatura es muy importante.
Si la mezcla está demasiado
caliente, la levadura morirá; si
está demasiado fría, la masa no
leudará. Espere a que el puré de
patata esté a la temperatura de la
mano para incorporar la levadura,
tal como se indica en el paso 2.
Saque el caldo de la nevera y
déjelo reposar 30 minutos a
temperatura ambiente.

1 Engrase ligeramente y espolvoree con harina una bandeja llana para el horno. Hierva las patatas 10 minutos o hasta que estén tiernas. Escúrralas y haga un puré.

2 Pase las patatas a un cuenco grande, añada la levadura, la harina, la sal y el caldo, y mezcle hasta formar una masa suave. Añada el ajo, el romero y 75 g de queso, y amáselo 5 minutos. Forme un hoyo en la masa, vierta el aceite y siga amasando.

3 Cubra la masa y déjela en un lugar cálido 1 1/2 horas o hasta que haya doblado su volumen.

4 Vuelva a amasar y divídala en 3 porciones iguales. Extienda cada una de ellas hasta formar un cilindro de 35 cm de largo.

5 Presione un extremo de las tres tiras para juntarlas y empiece a trenzar; doble las puntas del extremo hacia abajo.

6 Coloque la trenza sobre la bandeja de hornear, cúbrala y deje que fermente 30 minutos.

7 Espolvoree el resto del queso por encima de la trenza, póngala en el horno precalentado a 190 ºC y déjela cocer durante 40 minutos o hasta que la base del pan suene a hueco al golpearla ligeramente. Sírvala caliente.

bollos de patata

para 12 unidades

mantequilla para engrasar
85 g de harina de fuerza
175 g de patatas harinosas en dados
2 cucharadas de azúcar moreno
1 cucharadita de levadura en polvo
125 g de pasas
4 huevos, con la yema separada
    de la clara

SUGERENCIA

En lugar de untar los bollos
con mantequilla normal,
puede hacerlo con una de canela
que habrá preparado mezclando
bien 60 g de mantequilla
con un poco de canela.

1 Engrase y espolvoree con harina
12 moldes para bollos. Cueza las
patatas en agua hirviendo durante
10 minutos o hasta que estén tiernas.
Escúrralas bien y haga un puré suave.

2 Pase el puré de patata a un cuenco
grande y agregue la harina de
fuerza, el azúcar, la levadura, las pasas
y las yemas de huevo. Mézclelo bien.

3 En un cuenco limpio, bata las
claras a punto de nieve. Con una
cuchara metálica, incorpórelas con
cuidado a la mezcla de patata para
obtener una masa homogénea.

4 Divida la mezcla entre los moldes
preparados.

5 Cueza los bollos en el horno
precalentado a 200 °C durante
10 minutos. Baje la temperatura a
160 °C y cuézalos otros 7-10 minutos
más, o hasta que hayan subido.

6 Saque los bollos del molde
y sírvalos calientes.

bollitos de patata y nuez moscada

para 8 unidades

mantequilla para engrasar

225 g de patatas harinosas en dados

125 g de harina

1½ cucharadas de levadura en polvo

½ cucharadita de nuez moscada
rallada

50 g de pasas sultanas

1 huevo batido

50 ml de nata líquida espesa

2 cucharadas de azúcar moreno fino

SUGERENCIA

Puede preparar los bollitos con
antelación y congelarlos. Cuando
quiera servirlos, descongélelos
del todo y caliéntelos en el horno
a temperatura moderada.

1 Forre y engrase una bandeja de
hornear. Cueza las patatas en
agua hirviendo 10 minutos o hasta que
estén tiernas. Escúrralas y haga un puré.

2 Pase el puré a un cuenco grande
y tamice por encima la harina,
la levadura y la nuez moscada.

3 Agregue las pasas, el huevo
y la nata líquida, y bata con una
cuchara hasta que la mezcla esté
suave.

4 Forme 8 redondeles de 2 cm de
espesor y colóquelos sobre la
bandeja de hornear.

5 Cueza los bollitos en el horno
precalentado a 200 ºC durante
15 minutos o hasta que hayan subido y
estén bien dorados. Espolvoréelos con
azúcar y sírvalos calientes, untados
con mantequilla.

pastel de boniato con frutas

para 6 personas

1 cucharada de mantequilla fundida
y un poco más para engrasar

675 g de boniatos en dados

125 g de azúcar de Demerara

3 huevos

3 cucharadas de leche

1 cucharada de zumo de limón

la ralladura de 1 limón

1 cucharadita de semillas de
alcaravea

125 g de frutas secas, como pera,
manzana o mango, en dados

2 cucharaditas de levadura en polvo

1 Engrase ligeramente un molde para pastel cuadrado de 18 cm.

2 Cueza los boniatos en agua hirviendo 10 minutos o hasta que estén tiernos. Escúrralos y haga un puré suave.

3 Mientras esté caliente, pase el puré de boniato a un cuenco y agregue la mantequilla y el azúcar, removiendo para que se disuelvan.

4 Incorpore los huevos, la leche, el zumo y la ralladura de limón, las semillas de alcaravea y las frutas secas. Añada la levadura y mézclelo bien.

5 A continuación, vierta la mezcla en el molde preparado.

6 Cueza el pastel en el horno precalentado a 160 °C durante 1-1¼ horas o hasta que esté hecho.

7 Sáquelo del molde y deje que se enfríe sobre una rejilla metálica. Sírvalo cortado en rodajas gruesas, con nata espesa si lo desea.

pan de boniato

5 cucharadas de mantequilla,
  y un poco más para engrasar
225 g de boniatos en dados
150 ml de agua tibia
2 cucharadas de miel
2 cucharadas de aceite vegetal
3 cucharadas de zumo de naranja
75 g de sémola
225 de harina blanca para pan
1 bolsita de 7 g de levadura seca
1 cucharadita de canela en polvo
la ralladura de 1 naranja

1 Engrase ligeramente un molde para pan de 675 g. Cueza los boniatos en agua hirviendo 10 minutos o hasta que estén tiernos. Escúrralos bien y haga un puré suave.

2 Mientras tanto, en un cuenco grande, mezcle el agua, la miel, el aceite y el zumo de naranja.

3 Añada el puré de boniato, la sémola, 3/4 partes de la harina, la levadura, la canela y la ralladura de naranja, y mézclelo bien hasta formar una masa. Déjela reposar unos 10 minutos.

4 Corte la mantequilla en trocitos y añádala a la masa con el resto de la harina. Amase unos 5 minutos, hasta que esté suave.

5 Coloque la masa en el molde preparado. Cúbrala y déjela en un lugar cálido durante 1 hora o hasta que haya doblado su tamaño.

6 Cueza el pan en el horno precalentado a 190 ºC durante 45-60 minutos o hasta que la base suene a hueco al darle golpecitos. Sírvalo caliente, cortado en rebanadas.

ÍNDICE